示范性职业教育重点规划教材

电子商务实战：网店运营

主　编　陈　庆
副主编　罗忠诚　何　佳
参　编　王　盈　谢颖颖

西南交通大学出版社
·成　都·

图书在版编目（CIP）数据

电子商务实战：网店运营 / 陈庆主编. —成都：西南交通大学出版社，2019.7
示范性职业教育重点规划教材
ISBN 978-7-5643-6966-8

Ⅰ. ①电… Ⅱ. ①陈… Ⅲ. ①网店－运营管理－高等职业教育－教材 Ⅳ. ①F713.365.2

中国版本图书馆 CIP 数据核字（2019）第 136778 号

示范性职业教育重点规划教材

电子商务实战：网店运营

主编 陈 庆

责任编辑	孟秀芝
封面设计	何东琳设计工作室
出版发行	西南交通大学出版社
	（四川省成都市金牛区二环路北一段 111 号
	西南交通大学创新大厦 21 楼）
邮政编码	610031
发行部电话	028-87600564　028-87600533
网址	http://www.xnjdcbs.com
印刷	四川煤田地质制图印刷厂
成品尺寸	185 mm×260 mm
印张	12.5
字数	326 千
版次	2019 年 7 月第 1 版
印次	2019 年 7 月第 1 次
书号	ISBN 978-7-5643-6966-8
定价	39.00 元

课件咨询电话：028-87600533
图书如有印装质量问题　本社负责退换
版权所有　盗版必究　举报电话：028-87600562

教材编写委员会名单

主　任　杨彦峰　陈贵蜀

副主任　秦祖豪　吴学玲　陈开明　张正保　代　琼

委　员　熊光奎　彭明生　宋　波　胡　然　刘裕红
　　　　　陈　健　彭再兴　李明龙　冯钰雯　倪　伟
　　　　　凌泽生　杨兴国　张书凤　王　鑫

前 言

网店运营是电子商务专业最具竞争力的岗位之一，在电子商务高速发展的今天，越来越多的企业开始重视网店运营，希望从运营角度发现问题与机会，为企业发展提供有力的市场决策依据。

本书从网上开店筹备工作开始，系统地描述了团队组建、图片素材搜集与策划、网店装修、网店商品发布管理、网店推广管理、网店运营管理、网店客服等内容，完整展现了网店运营的全过程。本书采用项目驱动模式，依托企业真实案例，串联每一步的具体操作编写而成。在任务实施之后，本书还设置了同步实训、补充知识、任务拓展、巩固与提高等环节，以更好地帮助学生提升实操能力，也有助于教师指导学生实践。

本书不仅可作为职业教育院校电子商务、市场营销及计算机等相关专业在校学生的电子商务教材，也可作为企事业单位在职人员的参考用书。本书由贵阳职业技术学院电子商务团队教师共同完成。由于作者水平有限，本书还有很多需要改进之处，需要不断完善与提升，敬请广大读者批评斧正。

编 者
2019 年 6 月

目 录

项目一 网上开店 ·· 1
    任务一 开店前期筹备 ·· 1

项目二 团队组建 ·· 8
    任务一 网店装修的重要性 ·· 8
    任务二 网店团队组建与管理 ·· 12

项目三 图片素材搜集与策划 ·· 18
    任务一 产品主图策划 ·· 18
    任务二 描述页图片素材整理 ·· 21
    任务三 图片拍摄确定 ·· 25

项目四 网店装修 ·· 39
    任务一 店招设计 ··· 39
    任务二 促销区设计 ·· 51
    任务三 店铺公告 ··· 58

项目五 产品图片美化 ·· 65
    任务一 美化软件认识 ·· 65
    任务二 图片美化流程 ·· 69
    任务三 图片创意处理 ·· 112

项目六 网店商品发布管理 ·· 128
    任务一 确定商品属性 ·· 128
    任务二 商品发布流程 ·· 131

项目七 网店推广管理 ·· 142
    任务一 网上店铺推广 ·· 142
    任务二 网店促销活动 ·· 153

项目八 网店运营管理 ·· 162
    任务一 经营数据分析 ·· 162

  任务二 数据分析工具 …………………………………………………………… 167
项目九 网店客服 ………………………………………………………………… 172
  任务一 客服常见问题 …………………………………………………………… 172
  任务二 订单管理 ………………………………………………………………… 184
参考文献 ……………………………………………………………………………… 193

项目一　网上开店

【知识目标】

1. 了解网上开店前的初步定位方法。
2. 了解网店平台的分类与特点。
3. 了解网上开店的基本流程。

【能力目标】

1. 掌握企业开设网店前期筹备的注意事项。
2. 掌握网店平台分析与确定的能力。
3. 掌握申请与开通网上店铺的能力。

任务一　开店前期筹备

▶ 任务导入 ◀

1. 任务情境

CD 公司是一家经营数码产品的企业，随着企业的不断壮大和互联网的迅猛发展，企业在 2018 年年初制定了开拓电子商务平台的策略，以此拓展企业产品销路，从而推动企业快速发展。

企业部门经理安排电子商务专业毕业的小李对公司将要开展的网上店铺业务进行前期筹备，对此，小李决定首先对企业的商品进行深入了解并提取卖点信息，之后进行网上店铺的整体筹备与策划。

小李在对 CD 公司的数码产品初步了解后得知，公司之前主要将线下的电子市场作为产品的主要销售渠道。在"双十一"等电子商务巨大商机的促使下，企业决定开拓电子商务平台，扩大产品销售渠道。

2. 任务分析

（1）分析企业产品。
（2）分析企业产品供销渠道。

▶ **任务实施** ◀

一、寻找货源（建议学生寻找农产品）

开网店，特别是农产品网店，货源的选择一直是令人担忧的问题，这并不是因为找不到货源，而是如何用最经济的方法进到最好的货品。而货品的质量和价格又直接关系到网店的生存和发展。作为网上店铺，想要取得长足的进步，首先困扰卖家的必然是货源，如何能找到一个有竞争力和有保障的货源，是很多卖家关注的问题。进货一般分为两个渠道，一个是线上，一个是线下。线上包括普通淘宝店家进货和专业批发网站进货，线下可以从专业批发市场进货。

1. 通过淘宝寻找货源

淘宝分布着众多的大型批发商，无论是淘宝卖家还是线下实体店的商品都可以通过淘宝寻找优良货源，而且比通过阿里巴巴的批发平台或者 1688 寻找的效果更好，因为在淘宝可以更清晰地看到买家对于商品和价格以及卖家信誉的评价，比阿里巴巴批发平台仅有数条评语的反馈要更加系统。所以通过淘宝寻找货源有得天独厚的优势。下面就介绍如何通过淘宝平台寻找货源。

在淘宝上寻找货源最便利的方法就是通过淘宝分销平台申请成为分销商，这样不用支付任何费用就可以代销供应商的商品，还可以赚取商品售价与定价之间的差价，从某种程度上讲，这是一条零成本、零风险的进货渠道。

通过淘宝分销平台进货的具体步骤：

第一步，在阿里旺旺上点击"淘"，会出现列表，再点击"分销平台"，就可以进入分销的页面了。在分销页面搜索想找的商品，如农产品（图1-1）。在搜索结果上面有个"排序方式"，选择按照"销量"进行排序。这里注意多找几家不一样的，最好能根据同样种类的商品进行价格对比，淘汰那些价格虚高的货源，销量高的自然是比较有优势的商品了，点击"相关的供货商"，进入"查看"。进入所选择的供应商的商品列表页面，一切货源优质与否，就在库存里面了。

第二步，核对地址。查询商品发货地，正常情况下真正的供货商的仓库是在一起的，也就是只有一个发货地址。如果存在多个，要么是其中有别人的商品，要么干脆全都是别人的商品。

第三步，通过阿里旺旺咨询货品信息，具体询问发货时间、发货地址、退货地址、发货快递，如果回复出现商品默认发货快递、地址、时间不一的情况，那么供货商肯定是整合者。然后就是询问库存是否准确，是否直接通过分销平台下单就能发货，如果对方表示要求卖前先确认是否有货，大多是临时调货了。

这三步基本能够判断一个供应商是否优质。做淘宝分销一定要找到优质的供应商和货源，否则，卖出的商品没有现货，或者发货不及时，对于一个新开网店来说，影响还是很大的。所以，找供应商之前，可以先根据以上三个步骤进行前期调研。

图 1-1　淘宝网农产品分销平台（图片来源于淘宝网）

2. 通过采购网站寻找货源

阿里巴巴是全球最大的网上贸易市场，拥有近千万的用户群体，其中大多是生产厂家或批发商，既有来自世界各地的采购商，也有来自全国各地的厂家和贸易商。通过阿里巴巴这样的专业采购网站寻找货源，可以省去很多不必要的中间环节，从而大大降低进货成本。淘宝卖家也可以用阿里旺旺通过阿里巴巴中的货源渠道进行联系。当然还有其他一些比较好的批发网站，如中国物流与采购网、政府采购信息网、慧聪网等，都具有各自的特点，但是在规模和影响力方面还是与阿里巴巴相距甚远。

无论是从"量小、次多"这个特点上讲，还是从效率和速度上讲，网上进货都越来越成为网店店主的首要选择，虽然选择网上进货存在一定的风险，但是与传统进货渠道相比，还是占有非常明显的优势。

首先是价格优势。商品的网上报价比实体店价格要低很多，并不是因为商品本身品质的不同，而是因为在实体店销售的商品受租金、税收、人力等诸多因素的制约，成本和价格自然会高一些。

其次是时空优势。要获得相等的信息量，通过批发市场获得与通过网络获得所花费的时间有百倍之别。例如：要在批发市场比较20家商品的价格，可能需要花上大半天的时间，而在网上比较200家的商品价格可能只需要20分钟左右的时间，所以网络的信息优势完全可以转化为现实时空优势。

在这里，卖家从网上进货时需要注意的是，"货比三家"是永远不变的真理，不仅比价格，还要比质量和诚信。要注意卖家的信用，阿里巴巴诚信通指数只是一个方面，也可以参考别的买家对其商品的评价。要使用支付宝之类的第三方交易平台进行交易，这样可以有效地防止网络诈骗。如果是大宗货物交易，要立下书面合同，维护自身的合法权益。学习是成本最低的防骗方法。不仅要向同行学习，还要多关注阿里巴巴论坛，那里有防骗的专题、同行们的经验，很多时候都可以为我所用。要多分享网上进货经验。无论成功与否，这些经验都值得与别人分享。

  3. 通过传统进货渠道寻找货源

  所谓传统进货，就是除了网上进货以外的渠道。它包括所在城市的批发市场进货和直接从农家进货。这种进货渠道的优缺点和线上进货渠道恰恰相反。

  以批发市场进货为例。每个城市都有大大小小的批发市场，习惯面对面交易的人可以选择到就近的批发市场进货。如果要进行比较大宗的交易，可以选择到全国比较著名的大型蔬菜批发市场进货。例如寿光农产品物流园、长沙马王堆蔬菜批发市场、成都龙泉聚和（国际）果蔬交易中心、郑州刘庄大型蔬菜批发市场、兰州大青山蔬菜瓜果批发市场、青岛南村蔬菜批发市场、厦门市同安区闽南果蔬批发市场、广州江南果菜批发市场、石家庄桥西蔬菜中心批发市场、温州菜篮子集团有限公司蔬菜批发交易市场等。

  总之，不管是通过何种渠道寻找货源，低廉价格是关键因素，找到了物美价廉的货源，网上商店就有了成功的基石。

  小李通过对公司背景、企业文化以及经营商品等基本信息的了解，决定首先进行企业产品分析和网店平台的分析与确定。

二、分析企业产品

  小李了解到，如今已经进入互联网时代。人们几乎每天都在使用电子产品，都会用到互联网。电子产品与互联网更是不可分离，电子产品的消费者与网民有极高的重合度。电子产品是消费者网上购物的最大宗商品类别。淘宝网 3C（即 Computer、Communication、Consumer Electronic，计算机、通信和消费电子产品三类电子产品的简称）产品中，手机以及手机周边产品销售额占淘宝网 3C 产品销售额的 31%。而手机、数码相机、笔记本电脑"三大件"总体占淘宝 3C 产品销售额的 50%以上。淘宝商城电器城对外宣布，截至 2014 年年底，其交易额整体爬升再创新高，日成交额接近 2 000 万元，大约相当于 125 家国美线下门店的销售额总和。

  同时，小李了解到 CD 公司生产的数码产品与网上零售具有天然的结合点，数码产品的消费者均是消费能力较强的年轻人。网上购物看重的是价格便宜和方便。对于数码厂商来说，只要中高价位产品销售的比重增加，销售额和利润就会成倍增长。因此，数码厂商不约而同地将促进中高价位产品的网络销售作为营销重点。而且目前，戴尔、联想、东芝、诺基亚等大部分主流数码厂商，都在网上开设了官方旗舰店。

  随着移动互联网时代的到来，智能手机已成为手机市场的一大趋势。这类移动智能终端的出现改变了很多人的生活方式及对传统通信工具的需求，人们不再满足于手机的外观和基本功能的使用，而开始追求手机强大的操作系统带来的更多、更强、更个性的社交服务。智能手机也几乎成了这个时代不可或缺的电子产品代表配置。如今，越来越多的消费者已经将购机目标定位在智能手机身上。与传统功能手机相比，智能手机以其便携、智能等特点，在娱乐、商务、时讯及服务等应用功能上能更好地满足消费者对移动互联的体验。这几年智能手机也获得了突飞猛进的发展，这种发展势头还在延续。于是小李决定将智能手机作为公司网店的主打产品。

  小李通过前期调研了解到，大部分的手机生产厂商开网店的很少，更多拥有网店的是像小米、苹果、锤子这样的知名手机厂商。很多有上游资源的企业，在电子商务平台上的销售还是空白，任何厂商通过电子商务平台销售手机都拥有巨大的市场，这个市场充满着机遇和挑战。若想在将来的市场中占有一席之地，就必须积极地参与这场激烈的竞争。而小李所在的CD公司是一家拥有线下市场优势与渠道优势的企业，为了进一步开拓公司的网络市场，CD公司决定在电子商务平台开设官方网店。

三、分析企业产品供销渠道

小李了解了CD公司自身数码产品的特性和优势，接下来就要保证网店具备充足的货源。建立顺畅、可靠、有优势的货源供应是CD公司开设网店的第一步。

首先，小李所在的CD公司是一家具有良好线下市场的数码生产企业，有基于线下的优秀供货渠道，CD公司官方网站也是数码产品信息的发布平台。CD公司官方网店可以将产品信息有机整合之后对其加以利用。同时，CD公司在对产品综合考核之后，会和其他品牌客户谈及合作意向，一切顺利后，会将产品上架到电子商务平台。如果发展到一定程度，可以采用直接进货合作模式，即客户可以将谈好的产品直接物流到公司总部，由公司统一包装、销售、发货。另外，CD公司也可以从城市周边的大型电子批发市场进货，或直接从其他大品牌手机生产企业进货。其次，为了减少不必要的库存风险，也可以通过线上、线下相结合的方式共同销售。

小李发现，电子商务平台上分布着众多的大型批发商，无论是卖家还是线下实体店都可以寻找优良货源，比通过网上的产品批发平台寻找的效果更好，因为在这里可以清晰地看到买家对于产品和价格以及卖家信誉的评价。通过电子商务平台寻找货源有得天独厚的优势。

小李了解到，阿里巴巴是全球最大的网上贸易市场，拥有近千万的用户群体，其中大多是生产厂家或批发商，既有来自世界各地的采购商，也有来自全国各地的厂家和贸易商。CD公司通过阿里巴巴这样的专业采购网站寻找货源，可以省去很多不必要的中间环节，从而大大降低进货成本。小李也可以使用阿里旺旺，通过阿里巴巴的货源渠道进行联系。除此之外，小李还可以通过中国物流与采购网、政府采购信息网、慧聪网等寻找货源。

无论是从"量小、次多"，还是从效率和速度上看，网上进货对于CD公司寻找货源都有很大的帮助。虽然选择网上进货存在一定的风险，但是与传统的进货渠道相比，它还是具有明显的优势。

小李了解到，相当一部分数码产品在网上的价格比在实体店的价格要低很多，但这并不是因为产品本身品质不同，而是因为在实体店销售的产品受租金、税收、人力等诸多因素的制约，成本和价格会高一些。同时，小李通过批发市场获得与通过网络获得所花费的时间有百倍之别。小李在批发市场上比较20家产品的价格，需要花上大半天的时间，而在网上比较200家产品的价格只需要20分钟左右的时间。所以，网络的信息优势完全可以转化为现实的时空优势。

综上所述，小李所在的CD公司通过开设网店，可以在互联网上与网友更快速、更直接地进行互动和交易。这种自身的优势，加上电子商务行业高速发展的作用力的驱动，无疑为CD公司进入网店运营领域创造了无限的商机。

CD公司开设网店抓住了数码产品供求下电子商务的无限商机，通过互联网进行互动和交易，将数码产品出售给消费者，从而满足了两者的供需关系。电子商务平台是为买卖双方提供的在线交易平台，卖方可以主动提供商品在网上拍卖，而买方也可以自行选择商品进行比价。与专业发布数码产品供求信息的数码网站及专业的数码产品交易网站不同，通过国内领先的个人交易电子商务平台，与普通消费者亲密接触的机会更多，把世界各地的数码产品放到电子商务平台上进行销售更有助于数码产品走进普通消费者的购买决策圈，使数码产品可以不受地域的限制，将业务范围拓展到更大的市场，更为有力地推动数码产品的零售批发。于是，CD 公司最终决定在网上商城开设官方店铺，拓宽商品的销售渠道。

▶ 补充知识 ◀

常见的电子商务类型

随着电子商务应用领域的不断扩大和信息服务方式的不断创新，电子商务的类型也层出不穷，主要可以分为以下几种。

1. 企业与企业之间的电子商务（Business to Business，即 B2B）

B2B 模式是指企业与企业之间通过互联网进行商品、服务及信息的交换。通过 B2B 的交易方式，买卖双方能够在网上完成整个业务流程，从最初建立印象，到货比三家，再到讨价还价、签单和交货，最后到客户服务。B2B 模式减少了企业交易中许多事务性的工作流程和管理费用，降低了企业经营成本。网络的便利及延伸性使企业扩大了活动范围，企业发展跨地区跨国界更方便，成本更低廉，以阿里巴巴、网盛科技为代表的 B2B 电子商务平台成为目前中国 B2B 电子商务市场的主体。

2. 企业与消费者之间的电子商务（Business to Consumer，即 B2C）

B2C 模式是商业机构直接面对消费者的一种业务模式。这种形式的电子商务一般以网络零售业为主，主要借助于互联网开展在线销售活动。国内目前主要以当当、卓越亚马逊、京东商城等较大的 B2C 网站领跑市场。

3. 消费者与消费者之间的电子商务（Consumer to Consumer，即 C2C）

C2C 电子商务平台就是通过为买卖双方提供一个在线交易平台的形式，使卖方可以主动提供商品上网拍卖，而买方可以自行选择商品进行竞价。1999 年创立于上海的易趣网是中国最早的 C2C 电子商务网站网络交易平台。目前国内最大的 C2C 电子商务网站是淘宝网。

4. 线下服务与互联网之间的电子商务（Online To Offline，即 O2O）

线下服务可以通过互联网来揽客，消费者可以通过互联网来筛选服务，成交可以在线结算，从而很快达到规模化。该模式最重要的特点是：推广效果可查，每笔交易可跟踪。目前，大部分团购网站（如美团、百度糯米）所采取的消费方式属于 O2O 模式。

▶ 同步实训 ◀

一、任务描述

学生在教师的带领下进入 i 博导网上商城，使用实训提供素材如平板电脑、咖啡、红茶、衣服与手机等，根据企业及个人开设网店前期筹备的基础要素及注意事项内容，在教师指导下进行讨论，讨论后学生将相关内容做成文案。

二、任务评价

在学生完成文案后，教师根据学生文案内容进行点评与打分。

任务编号	1-1	任务名称	开店前期筹备
任务完成方式	小组协作完成		
	个人独立完成		
评价点			分值
自身产品特点分析是否合理			30
企业供销渠道分析是否全面			40
开店前期筹备文案内容编写是否合理			30
本主题学习单元成绩：			
自我评价	（20%）	小组评价	（20%）	教师评价	（60%）
存在的主要问题			

▶ **任务拓展** ◀

学生在教师的带领下讨论网店开设前期如何筹备、网店平台如何确定。

项目二 团队组建

【知识目标】

1. 了解网店装修的含义、特点。
2. 明确网店装修在店铺运营中的重要性。
3. 熟悉网店装修的基本流程。
4. 熟知网店运营团队组建的核心要素。

【能力目标】

1. 能够综合分析定位店铺。
2. 能够理解网店装修的重要性。
3. 能够熟知网店团队构成要素。

任务一 网店装修的重要性

▶ 任务导入 ◀

1. 任务情境

在实体店买东西，买家可以通过观看、品尝、触摸等方法去感知商品，但在网上买东西，买家只能通过眼睛去了解卖家设计的图片、文字或视频。所以，店铺的装修设计能否让卖家的店铺在众多店铺中脱颖而出，吸引住买家的眼球，从而营造良好的购物环境、塑造良好的店铺形象和品牌，就显得特别重要了。

2. 任务分析

通过分析并深入阐述网店装修的重要性，学生可以了解网店装修与管理在店铺中的重要性及装修的意义。

▶ 任务实施 ◀

一、明确店铺的定位

根据现代营销理论，市场定位涉及三个层次：产品定位、品牌定位和公司定位。但是，对一位刚刚涉足网上交易的卖家来说，品牌定位和公司定位为时尚早，迫切需要解决的问题是网店定位。对网店进行市场定位的过程就是寻找网店差别化的过程，即通过产品选择、定价及货源等方面的对比来定位店铺的市场。

1. 产品选择对比

对于一家店铺而言，产品选择决定店铺的发展方向和用户群体。在产品选择中，卖家应该选择自身有兴趣的产品，常言兴趣是做一件事的根本动力。在把握兴趣爱好的前提下，分析产品的特点、产品的优势、产品的消费群体等核心点，可以通过对行业的调研进一步确定其在市场中的占有率和消费群体。选择好的产品，不仅有利于前期的市场开拓，而且对于品牌的建立也是十分重要的，因此卖家在选择产品时，应针对自身的兴趣、地域资源、产品特性及优势、市场调研分析等要素进行综合评估。

2. 定价对比

商品的成本，加上费用及预期利润等项目，构成商品的价格。对于淘宝卖家来说，在商品定价时应遵循以下因素：

第一，成本费用因素。

① 生产成本：企业生产过程中所支出的全部生产费用。当企业具有适当的规模时，产品的成本最低。但不同的商品在不同的条件下，各自有理想的批量限度，若超过了这个规模和限度，成本反而要增加。

② 机会成本：卖家在商品成交后所获得的收入用于其他投资可能会获得的额外收益。机会成本越大，卖家的收益就越高。

③ 销售成本：商品流通领域中的广告、推销费用。在市场经济体制下，广告、推销等都是商品实现其价值的重要手段，用于广告、推销的费用在商品成本中所占的比重也日益增加。因此，在确定商品的营销价格时必须考虑销售成本这一因素。

④ 储运成本：商品从生产者手中到卖家手中所必需的运输和储存费用。商品畅销时，储运成本较少；商品滞销时，储运成本增加。不管发货的物流费用由谁负担，最终都包含在商品的综合总价里面。

第二，要保证正常的利润。不管经营什么商品、制定什么样的价格，都要保证商家的基本利润，做生意的根本目的是赚钱。

第三，制定阶梯式价格。网店经营的商品可以拉开档次，分设高中低价位，这样可以满足不同消费层次顾客的不同需求。

第四，要保持商品价格稳定。价格确定后，应具有一定的稳定性，不要在短时间内波动太大，这样会让老顾客感觉上当，让新顾客驻足观望。网上经营千万不要轻易打价格战，要共同维护市场的稳定，如果商家互打价格战，受损的最终只能是卖家。

第五，竞争与需求因素。商品的成交价格与竞争、需求情况密切相关，卖家可以通过网上历史数据的查询、有形市场的调研等途径了解商品市场的竞争与需求情况，估计潜在顾客数量，估算需求价格弹性系数，为卖家的定价决策提供参照依据。

第六，要考虑消费者的心理因素。卖家在制定价格时，要充分考虑买家的心理。买家有强烈的寻求低价的心理，若定价过高，买家就会购买其他替代产品。

第七，风险因素。对卖家而言，风险主要指支付及运送过程中的风险，这不仅使卖家成本增加，也会使其信誉度受损而影响其长久经营。

只要遵循以上商品定价基本原则，对于卖家来说商品定价就可控、合理。与此同时，卖家还可以采用如产品组合定价、阶段性定价、薄利多销和折扣定价、分析买家心理定价等策略，来调整商品的价格，使得产品的销售始终保持最大的商业利益。

3. 货源对比

货源的选择一直是开网店首要担忧的问题，并不是因为找不到货源，而是如何用最经济的方法进到最好的货品。而货品的质量和价格又直接关系到网店的生存和发展。作为淘宝卖家，想要在店铺长久的发展中取得进步，首先困扰卖家的必然是货源，如何能找到一个有竞争力和有保障的货源，是很多卖家关注的问题。进货一般分为两个渠道，一个是线上，一个是线下。线上包括普通淘宝店家进货和专业批发网站进货，线下可以从专业批发市场进货。

（1）通过淘宝寻找货源。淘宝分布着众多的大型批发商，无论是淘宝卖家还是线下实体店，都可以通过淘宝寻找优良货源，有时比通过阿里巴巴的批发平台或者1688上寻找的效果更好，因为在淘宝可以更清晰地看到买家对于产品和价格以及卖家信誉的评价，比阿里巴巴批发平台仅有数条评语的反馈要更加系统。所以，通过淘宝寻找货源有得天独厚的优势。

（2）通过采购网站寻找货源。阿里巴巴是全球最大的网上贸易市场，拥有近千万的用户群体，其中大多是生产厂家或批发商，既有来自世界各地的采购商，也有来自全国各地的厂家和贸易商。通过阿里巴巴这样的专业采购网站寻找货源，可以省去很多不必要的中间环节，从而大大降低进货成本。淘宝卖家也可以用阿里旺旺通过阿里巴巴中的货源渠道进行联系。当然，还有其他一些比较好的批发网站，如中国物流与采购网、政府采购信息网、慧聪网等，都具有各自的特点，但是在规模和影响力方面还是与阿里巴巴相距甚远。

（3）通过传统进货渠道寻找货源。

所谓传统进货，就是除了网上进货以外的渠道。它包括所在城市的批发市场进货和直接从农家进货。

综合对比，不管是通过何种渠道寻找货源，低廉价格是关键因素，找到了物美价廉的货源，网上商店就有了成功的基石。

二、同行业店铺装修风格

众所周知，好的店铺装修能给客户带来好心情，营造良好的购物环境；好的店铺装修能吸引顾客的关注，塑造店铺形象和品牌；好的店铺装修能刺激购物欲望，留住买家促进成交。那么，如何装修店铺才能展示出店铺的形象和风格？越来越多的买家会受店铺装修的影响，相对应，卖家也越来越重视店铺装修。但是，我们发现有很多卖家对店铺装修还停留在使用素材上，东拼西凑，看到自己喜欢的图片就往首页推送，以为这样就可以博得消费者的喜爱，结果却并非如此。往往买家进入店铺，仔细端详之后会觉得店铺极不专业，杂乱无章，无从下手。所以，店铺装修并不是简单的美化，而是要有全局的眼光和独特的出发点。做好全局的规划，从各种视觉元素入手，去打造一个整体的形象，合理布局，才能指引整个店铺营销过程，并做到有的放矢。

很大一部分卖家可能对店铺布局一片茫然，因为他们不知道什么是合理布局，如何布局。

（1）**整体布局**：在店铺布局的时候，一定要以店铺定位为中心，统一风格，注意突出店铺主题、公共提醒、促销信息、风格体现等。

（2）店招：店招是店铺品牌的宣告，通过店招可以告诉买家店铺销售的产品类型。

（3）店铺公告促销：店铺公告的重要性是显而易见的，好的店铺公告促销可以调动买家情绪。店铺公告可以是风格体现、单品秀、店铺宣传，也可以是突出的广告信息或促销信息。店铺公告的布局最好仅次于店招，以便第一时间抓住买家的眼球。

（4）掌柜推荐：掌柜推荐的产品最好是选择店铺最有竞争力的宝贝，应尽量满足需求量高、性价比高、宝贝图片清晰且详细的条件。

（5）自定义区：自定义区可以添加品牌介绍、物流介绍或邮费介绍，售后服务和退换要求，促销信息，活动资讯等。

三、店铺装修的重要性

成功的网店经营是离不开店铺美化与装修的。店铺通过装修，可以突出整体风格，方便消费者了解店铺所售出的商品的性质，从而吸引更多的消费者。不但如此，网络店铺作为一个网络销售平台，网店的页面就像是店主的灵魂，它的装修和美化与实体店铺的装修本质上是一样的。买家从视觉和心理上感受到店主对店铺的用心，这能够最大限度地提升店铺在买家心中的形象，有利于网店品牌的形成，提高浏览量。与此同时，店铺的装修还可能延长顾客在店铺的停留时间。

好的网店装修不但能带给顾客美的视觉享受，还能缓解顾客浏览网页时的疲劳，并且好的商品在适当的修饰过后，会让顾客更加难以拒绝，更有利于成交率的提高与转化。对于网店来说，一个好的店铺设计是必要的元素，因为顾客只能从网页上通过图片和文字来了解店铺、了解商品，所以店铺的装修与美化对增加顾客信任感起到关键的作用，甚至还能为自身店铺商品树立起良好的品牌形象。

▶ **同步实训** ◀

网店装修重要性分析：

学生根据教师要求，通过互联网平台了解各类型店铺装修，并针对各类型店铺装修风格总结其重要性和意义。

学生根据研究结果，完成表2-1的填写，并结合结果分析，总结其各自的差异性，通过小组讨论，进一步认识网店装修的特点。

表2-1　实训报告参考表

类型店铺	店铺整页	描述页	店招	促销区
食品类				
服饰类				
化妆品类				

任务二　网店团队组建与管理

▶ 任务导入 ◀

1. 任务情境

网店在运营过程中会遇到很多问题，这时只有依靠团队合作才能解决和完成，没有完美的个人，只有完美的团队。

2. 任务分析

组建一个团队，必须要有明确的分工，通过学习使学生能够组建一个团队。

▶ 任务实施 ◀

一、网店团队构成

网店团队的组建对于企业管理至关重要。一个良好的团队可以促使店铺的销量和管理更上一层楼，但企业管理首先面临的第一个问题就是网店团队组建的构成。

淘宝网店的团队一般由专业人员组成，根据淘宝网的工作内容，团队成员分为以下四种成员：

1. 运营策划类岗位

互联网市场竞争愈演愈烈，但在电商大势之下，网店早入市场比晚入要好。在运作网店的各方面能力要求上，店铺的运营管理至关重要。淘宝网店的开通只需几日，但网店如何盈利、如何发展壮大是网店店主必须要考虑的因素。

运营策划类岗位可以由专门的策划专员担任，也可以由网店主管或者店长来担任。这个岗位要求：具备丰富的电子商务或者淘宝网店运营经验，能掌控全局，清晰店铺的发展方向；能进行数据分析，及时发现店铺存在的问题并迅速调整；能制作活动策划，适时地组织策划如满就送、团购、限时抢购等各类促销活动。

2. 客户服务类岗位

客服人员在网店团队里面是必不可少的，客户与淘宝网店经营者之间的沟通和联系多数是通过阿里旺旺进行的。客服被称为"网店的导购"，好的客服能够在沟通中说服各种类型的客户，并促成订单的成交。

作为客服人员，应熟悉计算机的基本操作，较快的打字速度是基本要求；因为要和客户直接沟通，所以最好熟悉买家心理；要耐心解答客户咨询，适当引导客户思维。当然，客服人员除了接受售前的咨询，还要负责售后的事宜，比如异常件的查询、退换货、中差评等。

3. 网店装修类岗位

网店装修属于"视觉营销"的范畴，在互联网环境中，客户很少会通过阿里旺旺与客服人员直接沟通，客户会在店铺里浏览感兴趣的产品。所以，网店装修类人员有必要为客户营造一个舒适的浏览环境。

网店装修类人员要熟悉常用的设计类软件，如 Photoshop、Dreamweaver；从设计的角度来看，网店的装修也要和店铺主营产品在风格基调上相吻合。而人在阅读时视线的走向是有规律的，人对色彩的敏感度也是有规律的。作为网店美工人员，需熟悉色彩和心理之间的关系以及布局的变化对心理带来的影响。同时，网店美工人员也要配合策划人员一起做好店铺的产品推荐或者促销活动。

4. 网店优化推广类岗位

前面提到了客服人员的工作和价值，事实上，多数客户与客服人员进行沟通时，往往对产品已经产生了兴趣。而客户是如何查找到店铺地址的呢？这就是网店优化推广类人员的核心工作内容。

网店优化的价值已经越来越明显，网店优化甚至已经成为一个专门的岗位。优化人员需要做好产品标题优化、描述优化、类目优化、店招优化等多个会影响用户搜索元素的优化工作；而推广人员的主要工作则是为网店引流，这里所说的推广，主要理解为站内引流和站外引流。站内引流又可以分为淘宝论坛引流、阿里旺旺引流、群引流、SNS 平台引流等；站外推广是指除了淘宝站以外的推广，如博客营销、微博营销、EDM 营销、论坛营销等。

二、网店团队管理

从规模来看，现在的网店创业已经从单纯的个人创业上升到企业、团队创业的范畴。面对成长道路上被赋予的新使命，网店店主应如何对团队进行管理？网店初创时期的人员组成多为个人，人员管理、利益分配等经营管理上的环节几乎不存在问题，但随着团队人员不断增加，必然涉及诸如薪酬、考核等环节的管理技巧，如果忽视团队管理必然影响网店后续的发展。

网店店主在团队管理中，应从以下五个方面着手去做好团队管理：

（1）各成员定位和职责要分清楚。这样可以避免团队成员之间职能混乱，工作交叉干预、重复建设的现象出现。定位和职责尽量量化到点，具体到单项工作，这样才能看得到效果。特别是一些部门组织架构复杂的企业，职责和职能定位模糊，很容易造成踢皮球和工作的重复建设等现象出现。比如一个团队中，既有企划，也有策划，还有策略、文案，这些岗位工作内容有相似之处，网店店主如果不明确好职责和职能，那么就有可能出现成员工作积极性不高、工作方向盲目、重复建设严重等现象。

（2）要了解每个成员的性格、才能。要用好人，必须得了解员工能做什么、有什么特长以及行为方式特征是哪些。企业管理者可以从生活中和工作中去了解员工，生活中当然是闲聊、聚餐等娱乐，工作中可以从成员以往工作经历、谈吐、现在的工作表现上着手。一个经验丰富的企业管理者在经过短暂的接触和沟通后很快便能对团队成员的性格、才能了解得一清二楚。

（3）团队目标引导。团队运作时，团队要对自己有一个清晰的定位，这个团队存在的意义是什么，是围绕什么事情在运行的，如果是单个项目组成的团队，企业管理者应该向团队清楚地阐述项目的目标。

（4）要有一套管理制度和工作流程。孟子说"不以规矩，不能成方圆"，一个团队也应遵循一套规章制度。很多企业管理者比较讨厌管理制度建设，觉得有些冗余，其实不然，企业管理制度是一个附属的判断标准和工作有序进行的保障体系，智能化的机器没有人去操作会自行运转，这是因为植入了固定程序操作的指引系统，有了制度的团队也是一样。

（5）要管理好团队，需要一套合适的绩效激励体系。每个企业的管理模式有所不同，但是要驱动每个团队成员前进，得有动力。但值得注意的是绩效激励体系是个性化的，用市场的角度看待，就是将每个团队成员当成企业管理者的消费者，实际上每个消费者的需求是不一样的，因此，激励体系也应该是在了解成员需求的基础上进行制定的。

三、网店美工在团队中应具备的技能

随着网购越来越普及、越来越火热，网上开店的人数也越来越多，许多网店已经拥有数十甚至上百人的团队，网店的运作模式也不断增多。于是，产生了新型的职业——网店美工。这个新型的职业，在技能上要求懂网页设计和平面设计，如果是从业人员，还要懂得营销和电子商务、网拍技巧。但是，目前网店美工技能还没有体系化地提炼出来，导致高校、培训班等在培养人才时没有依据。因此，许多院校的课程体系，还是将平面设计与网页设计分离为两个不同的专业，或者说，并没有开设"网店美工"这个专业。

其实，在实际工作中，网店美工并不需要掌握平面设计、网页设计、电子商务、市场营销、摄影等所有课程，只是会用到其中一些重要的知识和技术。比如学习 Photoshop，不用像学习平面设计那样，去学习用上千页都写不完的 Photoshop 技术书籍，只要学会截图、修图、调色与图像合成技术就可以了。又如对于 Dreamweaver，不用学习其方方面面的技术，只要学会表格嵌套排版技术和熟悉几个常用代码就可以了。

更通俗地讲，网店美工日常的工作内容主要有以下方面：

（1）素材规划，在进行店铺装修之前，需要考虑店铺装修风格，从拍照开始就必须有全面的规划。

（2）使用 Photoshop 软件对图片进行美化处理。

（3）使用 Dreamweaver 设计好图文并茂的宝贝描述页面，这是店铺装修的核心内容。

（4）店铺宝贝的上传。

（5）进行店铺的整体装修。在网店有活动的时候，要设计促销广告图。

这些内容是网店美工最核心的技能。

▶ 补充知识 ◀

一、什么是网店装修

网店装修就是在淘宝、拍拍等网店平台固定的结构范围内，尽量通过图片、程序模板等让店铺更加丰富美观。

二、网店装修攻略

网店装修的意义就好比实体店的店面设计给人的氛围，其重要性是不言而喻的。装修可以根据自己网店销售产品的风格而异，如何装修也是见仁见智的事情。在其他因素一样的情况下，独

具个性而又与所售产品风格相匹配的店面装修才是好的网店装修。

首先，普通店铺是否请人装修要看店主的具体情况。很小的个人普通店铺没有必要寻找网店装修外包，因为发挥的空间小，只要会简单的制图，那么一开始自己装饰一下就可以了，不必花费这笔银子。

其次，对于旺铺来说，如果是新手不建议自己装修，交给专业的团队会更好，不用占用自己太多精力。

再次，装修团队的选择，一定要注意寻找能提供模版外观的团队，几个模板都能见到是什么色调，是怎样组合的，选之前想好自己今后要用上哪些功能，最好参考做得好的旺铺的装修，因为一个好的旺铺装修可以为产品增色不少。切记不要找那种见不到模版的，因为最后呈现的装修效果事前无法控制。

最后，决定装修前，一定要和对方充分沟通，对方的团队一定要是懂得平面设计的人，因为有些装修队仅仅是有几个模版，会一点网页设计，但是平面设计的水准实在不敢恭维，最后装出来的效果根本无法达到要求。因为没有平面设计水准的装修队充其量是一些网络技术人员，是根本没有设计创意可言的，对于销售感性产品的人来说，这样的装修对于推销产品是没有帮助的。他们根本无法理解装修创意意图，只会用技术语言，无法体现产品的卖点。这好比与一群化学工作者谈美学，语言是不通的。

三、网店装修的重要性

成功的网店经营是离不开店铺美化与装修的。店铺通过装修，可以突出整体风格，方便消费者了解店铺所售出的商品的性质，从而吸引更多的消费者。不但如此，网络店铺作为一个网络销售平台，网店的页面就像是店主的灵魂，它的装修和美化与实体店铺的装修本质上是一样的。买家从视觉和心理上感受到店主对店铺的用心，这能够最大限度地提升店铺在买家心中的形象，有利于网店品牌的形成，提高浏览量。与此同时，店铺的装修还可能延长顾客在店铺的停留时间。

好的网店装修不但能带给顾客美的视觉享受，还能缓解顾客浏览网页时的疲劳，并且好的商品在适当的修饰过后，会让顾客更加难以拒绝，更有利于成交率的提高与转化。对于网店来说，一个好的店铺设计是必要的元素，因为顾客只能从网页上通过图片和文字来了解店铺、了解商品，所以店铺的装修与美化对增加顾客信任感起到关键的作用，甚至还能为自身店铺商品树立起良好的品牌形象。

四、网店装修的基本流程及内容

网店装修一般主要包括六个方面的内容：

（1）店铺招牌；
（2）宝贝分类；
（3）公告栏；
（4）促销区；
（5）宝贝描述；
（6）广告牌。

五、什么是团队建设

团队建设指为了实现团队绩效及产出最大化而进行的一系列结构设计及人员激励等团队优化行为，EMBA、MBA等常见经管教育均对团队建设有所关注。

1. 团队的目标

目标是十分重要的团队要素，而帮助团队设定明确的目标可以遵循以下五大步骤：
（1）团队的目标达成一致。团队动态取决于团队需要实现的目标和每名团队成员的个性。
（2）团队专注于核心优先事项，从而由外向内形成统一。
（3）团队应该利用主要贡献列表制定一份任务明细，言简意赅地陈述团队为哪些工作而存在。
（4）团队任务明确之后，就要开列紧要事项清单——确定团队必须完成的工作和团队成员实现核心目标所必需的互动方式。
（5）利用团队的任务和紧要事项清单来界定参与规则。

2. 团队建设的重要性

团队建设的好坏，象征着一个企业后继发展是否有实力，也是这个企业凝聚力和战斗力的充分体现。团队建设首先应该从班子做起，班子之间亲密团结和协作，管理者心里始终要装着员工，支持员工的工作，关心员工的生活，用管理者的行动和真情去感染身边的每位员工，平时多与员工沟通交流，给员工以示范性的引导，捕捉员工的闪光点，激发员工工作的积极性和创造性，更重要的是管理者要沉下身去和员工融为一体，让员工参与管理，给员工创造一个展示自己的平台，形成一种团结协作的氛围，让员工感到家庭的温暖，在这个家庭里面分工不分家，有福同享，有苦同担，个人的事就是团队的事，团队的事就是大家的事。

总之，团队建设是一个系统工程，企业组织必须要有一个大家信得过的团队领导，在其指引下，决定企业未来发展的远景与使命，为组织制定清晰而可行的奋斗目标，选聘具有互补类型的团队成员，通过合理的激励考核、系统的学习，全面提升企业组织的核心战斗力，这样企业组织才能战无不胜，才能产生核聚效应，才能获得更大的市场份额。

3. 团队建设的阶段

（1）形成阶段。形成阶段是指团队确定其任务宗旨，并且被团队成员广泛接受的过程。在这个阶段，团队成员第一次被告知，他们的团队成立了。而且，团队成员也大致了解了团队成立的原因、使命和任务。在团队组建的初期，企业内部的职能部门与团队的关系是非常重要的。

（2）锤炼阶段。在该阶段，团队成员们开始逐步熟悉和适应团队工作的方式，并且确定各自的存在价值。在这个阶段，矛盾会层出不穷，主要包括团队成员之间的矛盾、经理人的矛盾以及团队规则与企业规则之间的矛盾。而这时候最好让矛盾和分歧充分地暴露，将各种冲突公开化，并且学会倾听、理解和调整。

（3）规范阶段。经过锤炼期后，团队逐渐平静下来，走向了规范阶段。那么，这个阶段的主要任务就是协调成员之间的矛盾和竞争关系，建立起流畅的合作模式。要让成员们意识到，团队的决策过程是大家共同参与的，应当充分尊重各自的差异，重视互相之间的依赖关系。合作成为团队合作的基本规范，而这时团队应该不断充实自我，努力让自己的团队成为学习型团队。

（4）运作阶段。团队成员们开始忠实于自己的团队，并且减少了对上级领导的依赖。成员们相互鼓励，积极提出自己的意见和建议，也对别人提出的意见和建议给出积极评价和迅速反馈。

（5）要认识到团队的每一个阶段都是有机联系的。不能把每个阶段分裂开来看，要建造一个高效的团队，作为一个管理者，在每个阶段都不能掉以轻心。只有在整个过程中抓好每个环节的工作，才有可能建立起一个好的团队。

▶ 同步实训 ◀

在学生完成实训之后，教师根据学生实训内容进行相应的点评与打分。

任务编号	2-2	任务名称	网店团队组建与管理
任务完成方式	小组协作完成 个人独立完成		
评价点			分值
团队分工			40
团队管理			30
团队目标			30
本主题学习单元成绩：			
自我评价	（20%）	小组评价	（20%）	教师评价	（60%）
存在的主要问题			

项目三　图片素材搜集与策划

【知识目标】

1. 了解网店装修之前的基本工作。
2. 了解产品主图策划设计的要点。
3. 了解描述页图片素材搜集方法。
4. 了解描述页图片搜集整理方法。

【能力目标】

1. 能够利用互联网进行产品素材搜集。
2. 能将搜集到的图片进行整理便于后期使用。
3. 掌握图片上传图片库的方法。
4. 掌握产品拍摄技巧。

网店产品图片素材的搜集、整理与策划在网店装修过程中起着至关重要的作用。本项目从产品主图策划、设计到描述页图片素材搜集与整理等工作任务，来阐述产品主图策划需要考虑的核心要素、描述页图片搜集的方法及整理的步骤。本项目情境重点讲述产品主图策划的技巧及描述页图片素材搜集的方法。

任务一　产品主图策划

▶ 任务导入 ◀

1. 任务情境

整体统一的页面布局，会给人以美的感受，彰显产品的质感，商品的主图在一个产品里是独一无二的图片，独立的主图汇集在一个页面，就构成了整体效果。美的图片能直达客户内心，激发客户的购买欲望，引导客户拉动页面继续了解商品详情。整体的页面布局要进行整体的规划。

2. 任务分析

产品主图能够刺激消费者的购买欲望，当主图构图合理的时候，有一个贴合产品的主图背景，不仅可以衬托产品，还能对产品的卖点起到画龙点睛的作用，就像我们的新家需要精心的设计，经过一番装修之后才能让它达到我们想要的温馨舒适的效果。一个好的主图背景可以把人的视觉感受真实化，使人有身临其境之感。它也可以调动人的感官，把简单的视觉化的东西转化成感官体验，如触觉体验、嗅觉体验等。

▶ 任务实施 ◀

一、主图策划要求

1. 前后景对比

如果要凸显衣服本身，衣服和背景的颜色要形成对比。

例如红蓝黄的衣服，在灰色斑驳的场景中拍摄，会比较有感觉；黑白灰的衣服，在户外五彩缤纷的景色中拍摄，会彰显活泼的风格。如果要凸显的不是商品本身，黑色的衣服在黑色的背景中展现气场和质感，可以用比较绚丽的颜色来凸显卖点。

2. 细节信息

细节拍摄主要针对高价位的商品。它要表现的是与其他较低价格的质量、材质、做工等差别，所以画面上要体现的是做工细节和材质。

3. 折扣信息

针对有一定促销的商品，在页面上要体现折扣信息。主图上折扣素材的合理安排，在不降低品牌质感的同时，能提高顾客的点击率和购买量（如图3-1）。

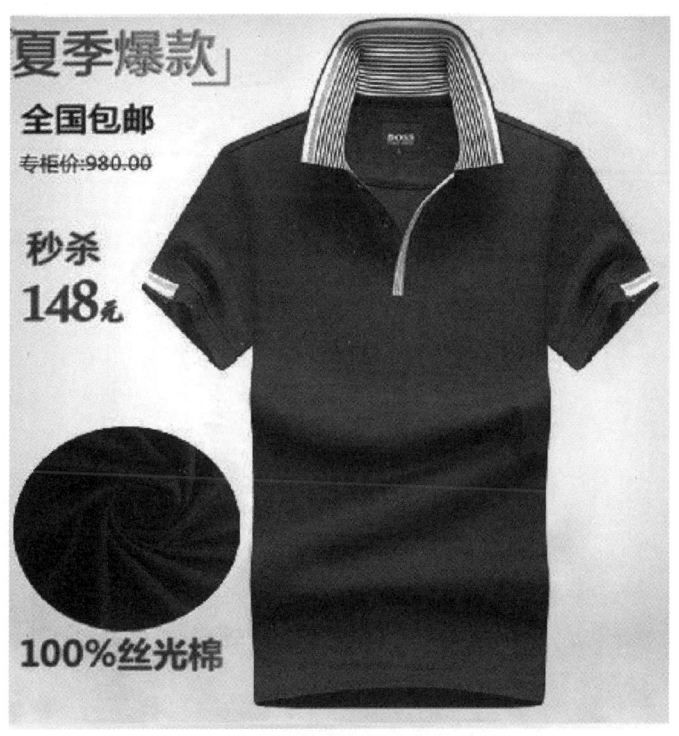

图 3-1　折扣信息（图片来源于天猫）

二、主图细节特写规划

细节体现品质，做好产品细节，才能运筹帷幄。细节图片是买家在购买商品时最关注的信息之一，因此在准备图片素材时，对产品细节图片的规划是相当重要的。站在买家的立场，将买家最关注的细节展示出来，能够让买家更真实地了解到商品的实际品质。淘宝网开通了"细节特写"服务，针对宝贝的 5 张图做了明确的规定，细节展示图也做了具体的要求。淘宝卖家申请"细节特写"服务后，会出现一个" "的标志。按照"细节特写"规范发表的照片，有助于买家全方位了解商品的信息，促进成交转化，降低售后纠纷，同时还会对店铺和宝贝的搜索权重有促进作用。

如果要申请"细节特写"服务，首先登录淘宝后台，申请报名入口，可以根据以下步骤进入店铺管理后台：登录"我的淘宝"→"卖家中心"→"消费者保障服务"→"细节特写服务"申请服务。

以箱包类的产品为例，在页面的"帮助"主题里对箱包类的产品图片素材做了如下具体规定。

（1）5 张宝贝主图。

主图（3-2）包括正面图（允许使用模特图）、背面图（或者侧面图、底面图）、设计细节图 1、设计细节图 2、设计细节图 3，主图要求同款（各类目可定制颜色要求），图片为正方形，尺寸 800 px×800 px，全部支持放大镜功能，考虑到空间及浏览显示的速度，图片大小建议设置成 700K。

图 3-2　主图拍摄（图片来源于天猫）

（2）第一张主图可与后四张图片不同色。

(3)设计细节展示(图 3-3)包括但不限于以下内容(各类目可定制必选项):细节特指该件商品的款式设计细节、做工细节、材质纹理细节、辅料细节等。

款式细节:设计特别的要素,如袋口、袋盖、拼接、褶皱等;

做工细节:走线、铆钉、里料、接缝等;

内部细节:打开图、构造图等;

面料细节:微距拍摄面料、材质、面料纹路等;

辅料细节:拉链、包扣、商标、拉杆、轮子等细节图片必须单独拍摄。

(4)拍摄效果清晰,近距离拍摄,细节要素占到图片 70%位置。

(5)不允许在原来的基础上进行剪切。

图 3-3　细节展示(图片来源于天猫)

目前可以申请"细节特写"服务类的项目有:女装/女士精品、床上用品/布艺软饰、女鞋类、女士内衣/男士内衣/家居服、男装、箱包皮具/热销女包/男包、运动鞋服、居家日用/收纳/礼品、日化/清洁/护理、厨房/餐饮用具、童装/童鞋/亲子装、玩具、孕妇装、工艺饰品、珠宝饰品、住宅家具、商业/办公家具、宠物/宠物食品及用品、鲜花速递/花卉仿真/绿植园艺、服饰配件/皮带/帽子/围巾,每个类目对"细节特写"服务的要求标准有所不同,但对具体的拍照要求有明确说明。

任务二　描述页图片素材整理

▶ 任务导入 ◀

1. 任务情境

描述页的美观度是影响成交转化率的重要因素之一,商品图片又是描述页的主要元素,在做宝贝描述页前,最好由美工、摄影师、客服、店长或运营对产品和买家进行分析,规划出描述页里需要展现的内容,然后再去准备图片素材。

2. 任务分析

描述页面是卖家为了促进买家的购买，让买家能了解宝贝详情，避免不必要的售后服务，也是推广自己店铺的一个重要页面。只有好的宝贝详情，才会让买家有更多的兴趣关注店铺，看得越久，转化率的提升空间越大，还能促进其他宝贝的销售。

▶ 任务实施 ◀

一、产品属性了解及拍摄

1. 买家想看到的信息

（1）整体大图：一般为正面、侧面和背面图，买家可以通过大图对产品有直观的整体了解。
（2）多角度图片：多角度、全方位地了解产品。
（3）功能信息：了解产品的功能是不是自己所需要的。
（4）参数信息：根据产品的重量、大小、规格、型号等判断产品是不是自己需要的。
（5）款式颜色：是不是自己喜欢的款式、风格、颜色。
（6）细节特写：查看宝贝的细节，判断产品的质量、功能特点及卖点。
（7）质量认证：查看宝贝的质量认证文件、标准认证。
（8）厂家信息：查看宝贝的生产厂商及品牌资质是否可靠，宝贝是不是自己喜欢的品牌。
（9）说明书：使用流程或说明书。
备注：买家渴望了解产品的信息属性的百分比（如图3-4）。

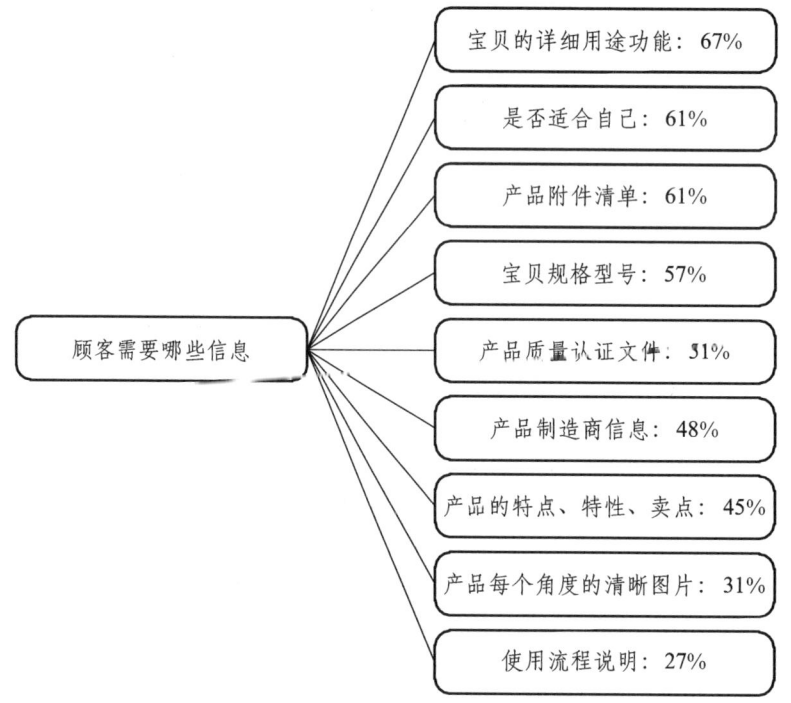

图3-4 买家需求

2. 卖家要展示的信息

（1）卖点信息：产品的功能和卖点，能给买家带来什么价值（实用价值、情感价值）。

（2）模特效果图：好的模特能引起买家注意，买家可与商家产生共鸣、对产品有认同感。

（3）实力资质：产品的检验报告、合格证书、资质证书、荣誉证书、厂区实景、生产仓储、实体店面等图片来展示自己的实力，让买家产生信任感。

（4）包装效果：通过产品的外包装、标签吊牌等，体现品牌感或产品运输的安全性。

（5）对比：为了体现宝贝的独特功能，选取参照物图片进行对比。

（6）场景实用图：把宝贝的使用效果或放在真实环境中的真实效果，用图片体现出来。

二、上传图库管理

卖家通常可以通过淘宝卖家中心的图片空间进行素材的管理，这样不仅有利于素材的直接利用和上传，而且十分方便。其图片上传操作步骤如下：

步骤1：首先进入"我的淘宝"→"我是卖家"→"店铺管理"→"图片空间"，如图3-5所示。

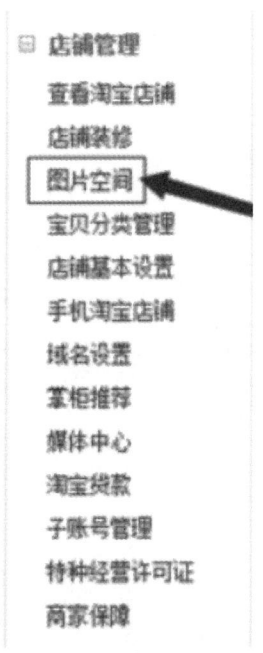

图3-5　图片空间

步骤2：点击"上传图片"按钮，然后"添加图片"，如图3-6、图3-7所示。

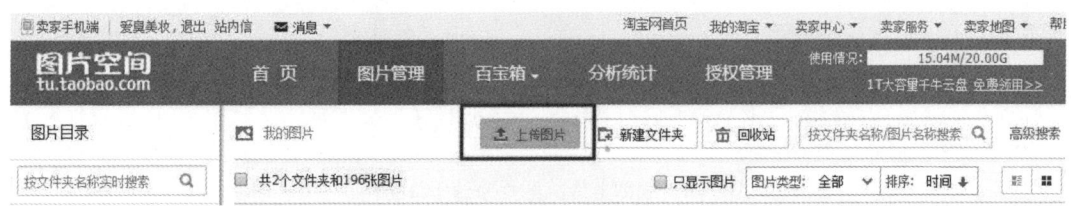

图3-6　上传图片（图片来源于淘宝网）

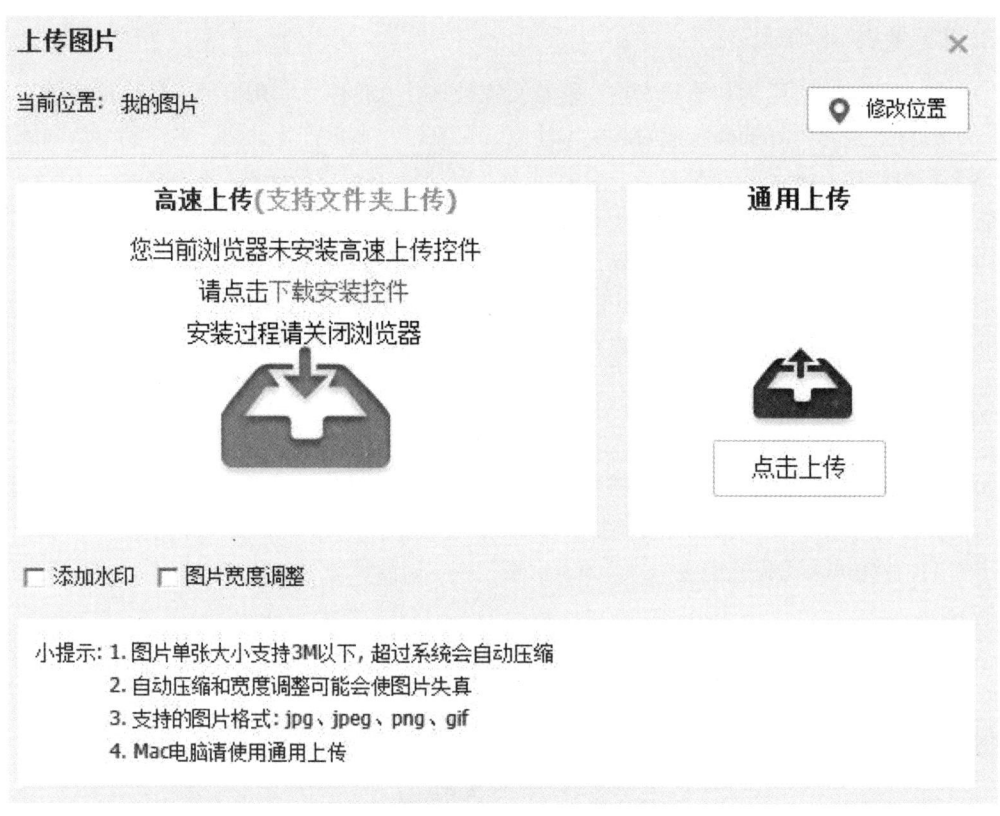

图 3-7 添加图片（图片来源于淘宝网）

步骤3：点击"通用上传"，选择好图片，点击打开就可以看到上传的进程。如图 3-8 所示。

图 3-8 立即上传（图片来源于淘宝网）

步骤4：等待图片上传成功，点击"完成"，图片就上传至图片空间了。如图 3-9 所示。

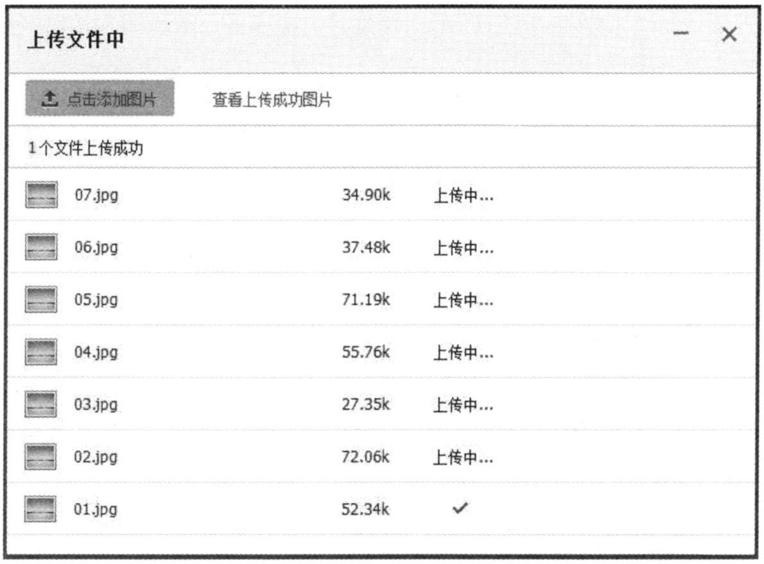

图 3-9　点击完成（图片来源于淘宝网）

任务三　图片拍摄确定

▶ 任务导入 ◀

1. 任务情境

网上店铺与传统店铺最大的区别是没有实物，其交易是在虚拟的世界里完成的，买家对物品的第一印象就来自卖家放在网店上的照片，那么，拍摄一张完美的图片对于网店来说至关重要。描述页详细介绍了网店拍摄照片所需的素材，卖家如何在素材不完整的情况下，将产品的真实信息传递给买家，如何通过商品拍摄来凸显商品的特色。以下内容详细介绍商品拍摄的构图技巧、拍摄器材的选择以及拍摄产品的要素选取。

2. 任务分析

如何把商品真实、清晰地呈现在买家的面前，是卖家必须掌握的一项基本技能。商品拍摄不同于艺术摄影，不需要体现照片的艺术价值和较高的审美品位，但这绝不意味着，最终的影像就是枯燥乏味的。

▶ 任务实施 ◀

一、摄影器材的准备

1. 相机

拍摄离不了相机，关于相机的选择，以单反最佳，家用的卡片机也是可以的，一般的要求是像素高一点（至少在 500 万像素以上），防抖动效果好。接下来详细说明在拍摄产品图片时的几个小技巧。

（1）微距功能。在相机上的标识是一朵小花，如图 3-10 所示（对不同相机，小花的位置可能不同）。微距功能主要是用于拍摄小物件，如饰品、螺母、电子元器件等，能够把物件表面细节拍得非常清晰，并且形成突出拍摄主体、虚化背景的效果，既专业又有美感。微距还可以用于拍摄大件物品的细节，比如材质、面料、做工等，这些都是客户所关心的。

图 3-10　相机选择

（2）慎用闪光灯（如图 3-11）。

图 3-11　闪光灯标志

我们看如图 3-12 所示的这组图片，左边的手表是在光线不足的情况下开启闪光灯拍摄的效果，画面的光线不均匀，导致了手表镜面反光；右边的手表拍得很漂亮，主要借助了周围光线来达到这个效果。

图 3-12　借助光线拍摄

（3）相机快门的使用方法。

目前市面上的数码相机，在拍摄照片的过程中快门的使用分两步。第一步，先按快门一半，相机自动对焦，屏幕上会出现提示框，提示画面中被对焦的部分。我们可以通过多次尝试，来对焦被拍主体，从而保证画面的清晰度。第二步，继续按下快门，进行拍摄。

2. 三脚架

三脚架的作用（如图 3-13）主要是固定相机，特别是在光线不够好的情况下防止抖动，从而使拍摄效果更清晰。三脚架用于室内拍摄，越重越好；外出拍摄时可以携带轻便型的三脚架，如果没有三脚架，也可以找一些临时的支撑物，比如桌角、椅背、石头栏杆等，就地取材。

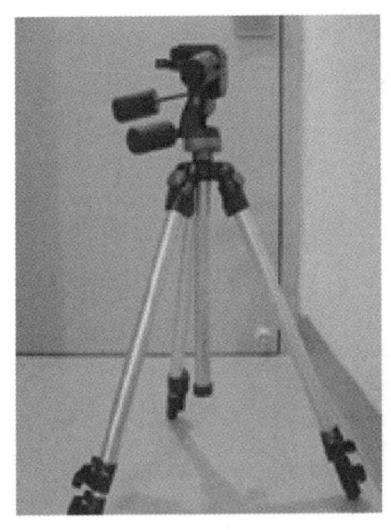

图 3-13　三脚架作用

3. 背景布/背景纸

背景布/背景纸的作用是为产品营造一个干净整洁的拍摄环境，更容易突出拍摄主体。选择的背景布/背景纸（如图 3-14）需要满足几个要求：不反光、防皱、材质细腻、厚实、大小合适。一般情况下，背景纸都能满足以上几点，但防水性及耐用性往往不高，从而增加拍摄成本；而背景布虽耐用性好，但缺陷是易皱，适于熨烫循环使用。若需拍摄物品倒影，可采用倒影台。当然，前期为了节省成本，也可以使用 A4 纸，或者单色床单、家中的茶几等作为替代品。

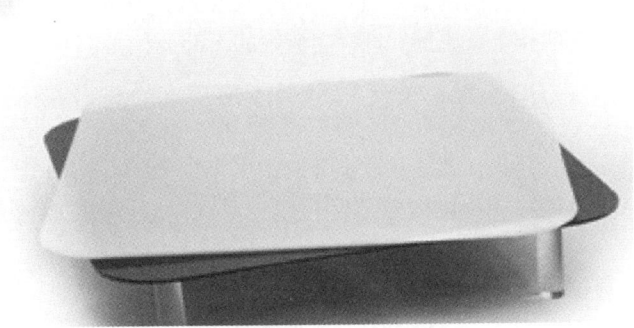

图 3-14　背景的选择

4. 布光

光线的好坏会影响到产品拍摄的效果，所以营造良好的光线环境在拍摄中显得尤为重要。光线分为室外光线和室内光线。室外光线，一般适用于需要外景的产品，比如服装模特在街上展示服装、在草坪上展示户外桌椅；室内光线，适用于需要摆放在背景布上面拍摄的产品，建议采用专门搭建的室内摄影棚进行拍摄，设备称作"摄影棚"或者"柔光箱"（如图 3-15（a）），为保证拍摄的光线亮度，灯泡的色温要求一般为 5500 K（如图 3-15（b）），产品拍摄的所有器材在淘宝网上均有销售。

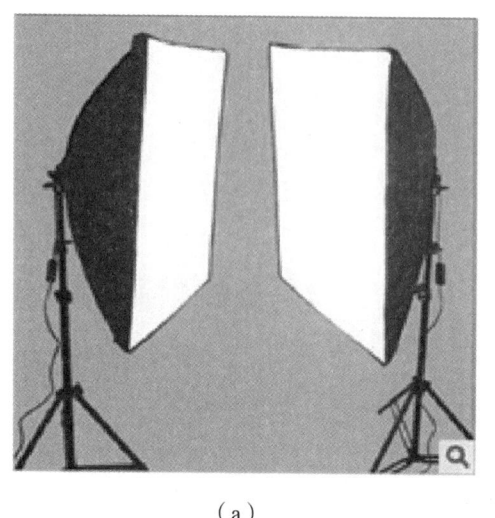 

（a） （b）

图 3-15 光线环境

二、图片拍摄的构图

作诗需懂得韵律、平仄和对仗，图片拍摄也要有一定的格式和规律，要学习基本的构图原理。可以不拘泥于陈规，即敢于破格和创新。但是在打破常规之前，必须先了解常规，才能在此基础上真正做到突破和创新。下面来介绍五种常见的构图方式：

1. 黄金分割法

画面的长宽比例通常为 1：0.7，由于按此比例设计的造型十分美丽，因此被称为黄金分割，这一比例叫作黄金比例。日常生活中的大部分拍摄都采用这个比例。

2. 三分法

所谓三分法，就是从黄金分割中引申出来的，用两横、两竖的线条把画面均分为九等份，也叫"九宫格"，中间四个交点为视线的重点，也是构图时放置主体的最佳位置。

3. 均分法

为了在视觉上突出主题，我们常常将主体放在画面的中间，左右基本对称，因为很多人喜欢把视平线放在中间，上下空间的比例大体均分。

4. 疏密相间法

当我们需要在一个画面中摆放多个物体进行拍摄时，取景的时候最好是让它们错落有致，疏密相间。

5. 远近结合、明暗相间法

拍摄商品图片有时需带上点近景，或者隐隐约约保留一点比较淡的远景，以增强立体感，表现出丰富的拍摄层次。

三、拍摄图片选取的要素

（1）整体大图。

一般以单色背景进行产品的正面、背面、侧面展示（如图3-16）。准备好拍摄的场所，用白色或者纯色的东西作为背景，比如白纸、桌面等。照片内不适宜有其他与图片不相关的内容，以免喧宾夺主，不利于凸显产品。

图 3-16　正面、侧面、背面展示图

（2）多角度图片。

如果要制作360°动画图片，就要给出多个角度的拍摄图（如图3-17）。角度分别选取 0°、45°、90°、135°、180°、225°、270°、315°。不同的物品通过不同的角度拍摄，其效果也是完全不同的。采用多个角度对一件物品进行拍摄，最后挑选最能表现物品特质的照片作为上传的物品照片。

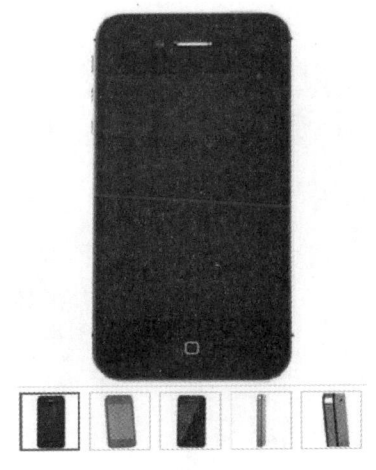

图 3-17　多角度拍摄

（3）功能信息（如图3-18）：了解产品的功能是不是自己需要的。

图3-18　功能展示

（4）参数信息（如图3-19）：根据宝贝的尺寸、质量等内容，来判断产品是不是自己需要的。

图3-19　参数信息

（5）款式颜色（如图3-20）：查看是不是自己喜欢的风格、款式、颜色。

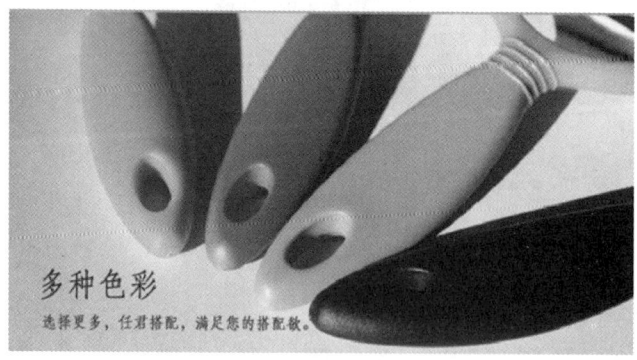

图3-20　商品颜色

（6）细节特写（如图3-21）：查看宝贝细节，判断产品的质量或功能特点。

图 3-21　商品细节

（7）卖点信息（如图 3-22）：产品独特的功能或卖点，能给买家带来什么价值（实用价值、情感价值）。

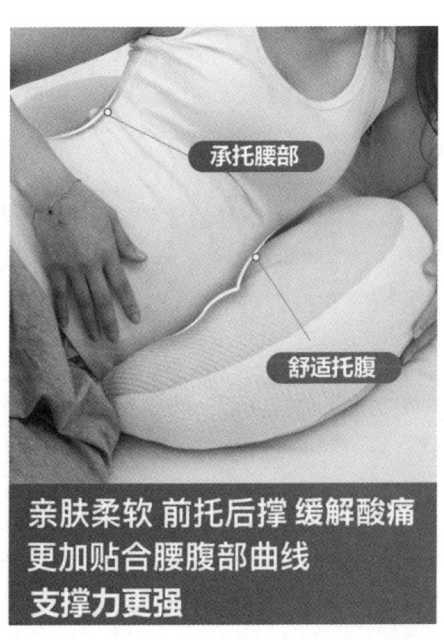

图 3-22　实用价值（图片来源于天猫——多米贝贝金枕优专卖店）

（8）模特效果图（如图 3-23）：好的模特能引起买家注意，买家可与商家产生共鸣、对产品产生认同感。

图 3-23　模特效果图（图片来源于淘宝店铺——戎美）

（9）实力资质：用产品的检验报告、合格证书、资质证书、荣誉证书、厂区实景、生产仓储、实体店面等图片来展示自己的实力，让买家产生信任感。

（10）包装效果（如图 3-24）：通过宝贝的外包装、标签吊牌等，体现品牌感或运输中的安全性。

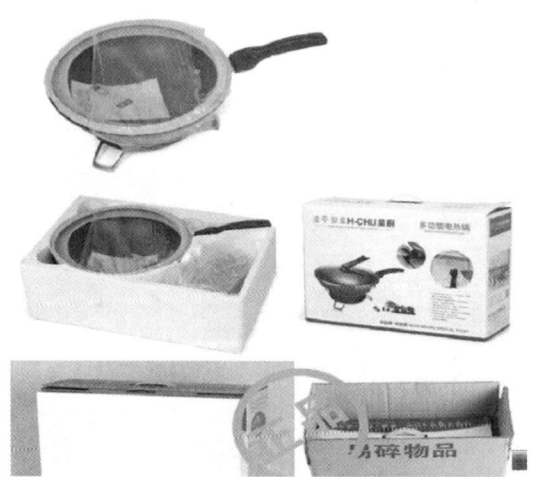

图 3-24　运输包装

（11）对比：为了体现自己宝贝的独特功能，选取参照物图片进行对比。

（12）场景实用图（如图 3-25）：把宝贝的使用效果或放在真实环境中的真实效果，用图片体现出来。

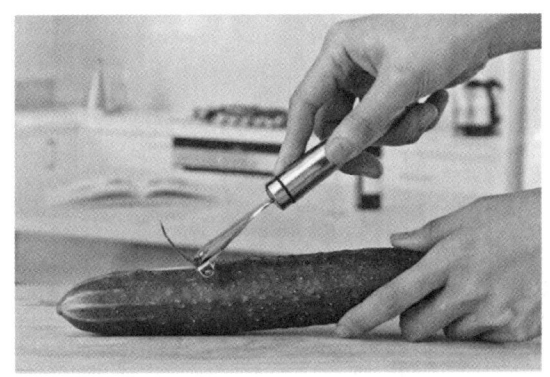

图 3-25　使用效果图

> ▶ **补充知识** ◀

一、产品图片策划需要注意的两个问题

1. 店铺装修的色彩搭配

店铺的色彩搭配要合理，不宜过于鲜艳华丽。总的色彩运用原则应该是"总体协调，局部对比"，即网店页面的整体色彩效果应该是和谐的，局部的、小范围的地方可以有一些强烈的色彩对比。在色彩的运用上，可以根据网店的需要，分别采用不同的主色调。店铺的产品风格、图片的基本色调统一，这样出来的整体效果就会和谐统一，不会让人有杂乱之感。

2. 产品图片的尺寸及图片数量合理

产品图片的尺寸过大，图片过多，可能会使页面美观，但是相应网页浏览的速度变得缓慢，或者是重要的公告和店铺的栏目长时间无法显示，客户不能及时看到需要了解的信息，导致其在页面驻足时间减少，网店产品的转化率降低，所以控制产品图片的尺寸及图片数量，会收到事半功倍的效果。

二、产品主图的设计应注意的要点

产品主图的设计，应注意以下要点：图片场景、图片清晰度、创意卖点、促销信息。

三、淘宝商品描述页编写内容

淘宝商品描述页编写内容包括：
（1）品牌介绍（从厂家的网站上查找有关的品牌介绍）。
（2）焦点图（引发兴趣）。
（3）目标客户群设计（买给谁用）。
（4）场景图（根据使用者的场景来设计图片）。
（5）商品详情图（包括全景和细节图片）。
（6）商品对比图片，每一处商品的优点都要与其他产品的相应缺点进行对比，全部以图片的形式来展示。

（7）品牌详细（包括厂家授权、检验报告）。

（8）为什么购买（好处设计）。

（9）消费者的利益（逃避痛点）。

（10）同类型商品对比（价格、价值）。

（11）客户评价、第三方评价（产生信任）。

（12）用户非使用价值（文案和图形设计）。

（13）拥有后的感觉塑造（强化信任，给客户一个100%购买的理由）。

（14）给买家购买理由（送恋人、送父母、送领导、送朋友）。

（15）发出购买号召（为什么立刻、现在、马上要在我店购买），替客户做决定；

（16）关联推荐商品图（只发布3张，但每张上面，都要有销售件数，从以下4种产品中选择：① 全店最热销的；② 本类产品最热销的；③ 本类最可替代的产品；④ 本类最相关的产品，选择3个产品发布）。

（17）购物须知（邮费、发货、退换货等）。

四、如何在图库管理中上传图片

步骤1：首先进入"我的淘宝"→"我是卖家"→"店铺管理"→"图片空间"。

步骤2：点击"上传图片"按钮，然后点击"添加图片"。

步骤3：左下角会默认勾选"压缩尺寸"，取消系统默认的勾选选项，操作完成后点击"立即上传"。

步骤4：等待图片上传成功，点击"完成"，图片就上传至图片空间了。

五、图片拍摄所需选取的要素

图片拍摄所需选取的要素：整体大图、多角度图片、功能信息、参数信息、款式颜色、细节特写、卖点信息、模特效果图、实力资质、包装效果、VS对比、场景实用图。

六、网店产品的图片拍摄需要注意的问题

（1）相机的设置。做到稳定相机，准确对焦，手动白平衡功能，曝光补偿。

（2）背景的布置。背景选择白色或者与要拍摄的产品有反差的简单的背景，突出主题，同时要善于利用一些小物品作为点缀装饰。

（3）商品的造型。造型是产品拍摄的关键环节，一件商品，有时有必要进行简单的造型摆设，让买家与产品产生共鸣。

（4）光线的选择。不要选择光线过强与过暗的地方，应选择适当的光线。

（5）后期处理。漂亮照片需要后期的编辑处理。

七、商品拍摄的特点和要求

1. 商品拍摄的特点

（1）对象静止：商品拍摄区别于其他摄影的最大特点，是它所拍摄的对象都是静止的物体。

（2）摆布拍摄：摆布拍摄是商品拍摄区别于其他摄影的又一个显著特点，不需要匆忙的现场拍摄，可以根据拍摄者的意图进行摆布，慢慢地去完成。

（3）还原真实：不应过于追求意境，失去物品的本来面貌。

2. 商品拍摄的总体要求

商品拍摄的总体要求是将商品的形、质、色充分表现出来，而不夸张。

（1）形，指商品的形态、造型特征以及画面的构图形式。

（2）质，指商品的质地、质量、质感。商品拍摄对质的要求非常严格，体现质的影纹层次必须清晰、细腻、逼真，尤其是细微处，以及高光和阴影部分，对质的表现要求更为严格。应用恰到好处的布光角度、恰如其分的光比反差，以求更好地完成对质的表现。

（3）色，即商品拍摄要注意色彩的统一。色与色之间应该互相烘托，而不是对抗，是统一的整体。"室雅何须大，花香不在多"，在色彩的处理上应力求简、精、纯，避免繁、杂、乱。

▶ 同步实训 ◀

一、任务描述

学生围绕特定的主题，实施产品主图策划与描述页图片素材搜集实践活动。通过策划产品主图设计方案，完成描述页图片素材的搜集与整理，然后确定产品拍摄需求。通过对产品主图的策划及描述页图片素材搜集与整理的实施，掌握产品主图策划的要点及描述页图片素材搜集的方法，从而掌握两者的相关方式和技巧。

二、任务实施

1. 策划产品主图设计方案

（1）产品主图的策划。

打开 i 博导网上商城，商品的主图对于该产品是独立的图片，而一张张独立的主图汇集在一起显示时，就构成了整体效果。如图 3-26 所示，消费者对于头图的认识以感性为主，因此，对于卖家而言头图的设计就显得尤为重要。

图 3-26 产品主图设计（1）

（2）产品主图的设计与制作。

步骤1：同样是卖运动鞋的店铺，图 3-27（a）的页面杂乱无章，而图 3-27（b）的页面整齐统一，给人以美的感受，所以要特别注重产品主图的设计。

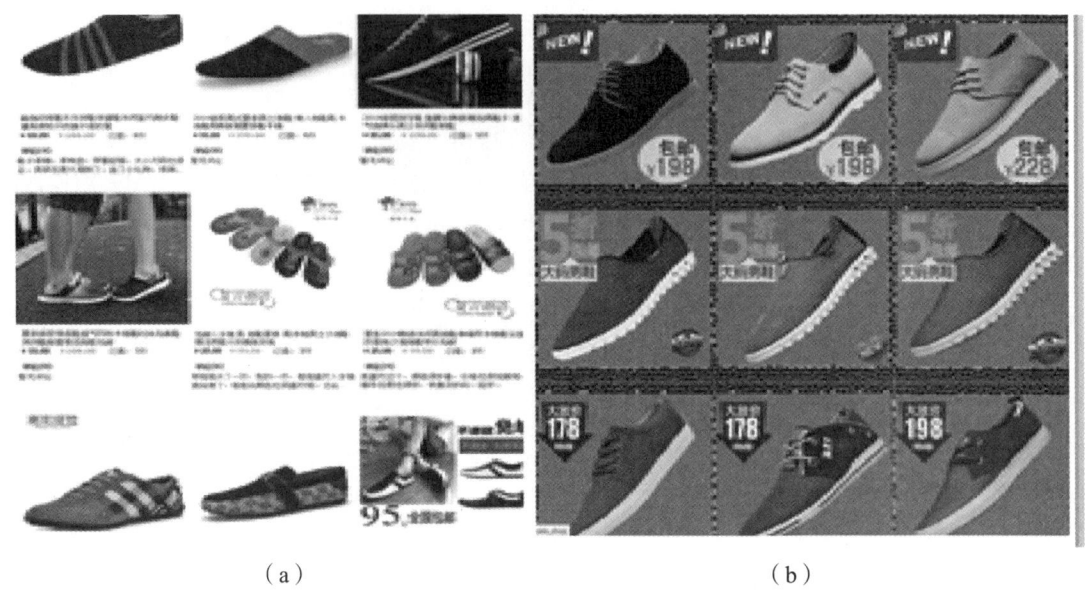

(a)   (b)

图 3-27　产品主图设计（2）

步骤2：产品主图设计不容忽视的一个问题是：产品主图细节的设计。细节体现品质，细节图片也是买家最关注的信息之一。申请通过淘宝网的"细节特写"服务后，在搜索列表页中的产品服务标志里会有一个放大标志，如图 3-28 所示。

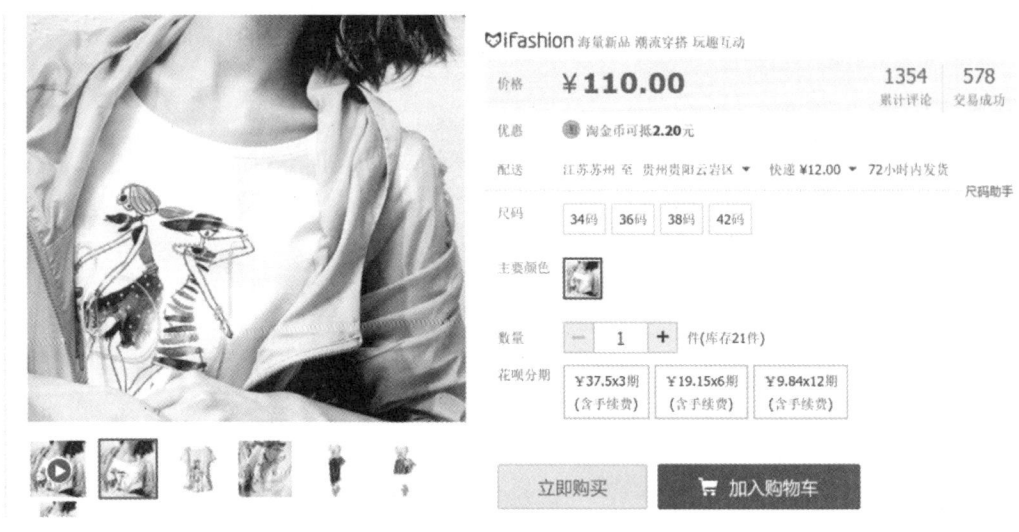

图 3-28　产品主图设计（3）（图片来源于淘宝店铺——戎美）

步骤3：细节展示包括但不限于以下内容：款式细节，设计特别的要素，如袋口、包扣、拉链等；做工细节，如走线、里料等；材质细节，如微距拍摄面料、颜色、面料纹路等；配件细节，如拉链、包扣等。如图 3-29 所示。

　　商品搭配　　　　　　商品正面　　　　　　商品细节　　　　　　商品搭配

图 3-29　产品主图设计（4）（图片来源于淘宝店铺——戎美）

2. 描述页图片素材搜集与整理

（1）搜集描述页设计素材。

宝贝详情描述页是直接决定交易能否达成的关键因素，所以描述页的设计很重要。描述页设计思路如图 3-30 所示。

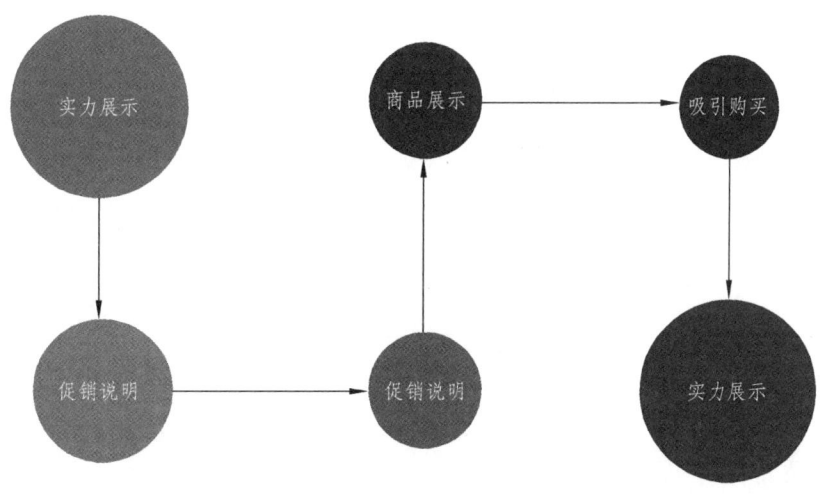

图 3-30　描述页设计思路

（2）将搜集到的素材进行整理。

（3）将素材上传至图片空间。

3. 确定产品图片拍摄的需求

（1）分析产品图片拍摄的元素。

产品图片拍摄时，应考虑用光、构图、影调、景别、主题内涵等。

（2）了解产品图片拍摄设备。

步骤 1：选择数码相机时，应考虑像素、CCD、光学变焦、白平衡、微距等。

步骤 2：三脚架起到固定作用，主要用来防止拍摄过程中出现的手抖现象，在长时间或微距拍摄时尤为重要。

步骤 3：灯光器材一般可以选择专业摄影灯、反光板或普通节能灯等。

步骤 4：摄影支撑体主要是柔光摄影棚、平台、模特、模型等。

步骤 5：背景选择时，小件物品可以选择背景布或卡纸，首饰、工艺品可以选择棉、麻、丝、缎，大件物品可以选择白色墙或布。

（3）确定产品图片拍摄。

准备好以上步骤后，就可以进行图片的拍摄了。

三、任务评价

在学生完成实训后，教师根据学生实训内容进行相应的点评与打分。

任务编号	3-3	任务名称		商品拍摄
任务完成方式	小组协作完成 个人独立完成			
评价点				分值
商品描述信息是否完整				40
商品详细描述模块设计内容是否清晰				30
商品描述图片设计是否卖点突出、具有焦点性				30
本主题学习单元成绩：				
自我评价	（20%）	小组评价	（20%）	教师评价	（60%）
存在的主要问题				

项目四　网店装修

【知识目标】

1. 了解网店装修的基本步骤。
2. 了解视觉营销的基本元素。

【技能目标】

1. 掌握店招、促销区的设计要素。
2. 掌握网店装修的添加方法。
3. 能够根据店铺分析制订网站装修方案。

任务一　店招设计

▶ 任务导入 ◀

1. 任务情境

小王是应届毕业生,在各类校园招聘会拼搏了几个月后,终于进入 NX 信息技术公司从事自己满意的工作。小王在校期间对美术设计这一领域有极大的兴趣,进入公司后,他想在美工设计方面深造和发展。

部门经理安排小王对公司将要举行的店铺活动进行装修策划,为店铺带来一个全新的展示风格,以吸引用户。小王决定先对店铺的商品进行深入了解、提取卖点信息后,再进行店铺的整体装修策划。

小王了解到公司是一家食品类的传统企业,为推动自身发展,现在开始进军电子商务领域。

2. 任务分析

（1）店招设计分析。
（2）店招设计要素。
（3）店招设计核心。

▶ 任务实施 ◀

小王对公司背景、企业文化以及经营商品等基本信息了解后,决定首先进行店招装修设计。

一、明确店招装修须知

店铺的店招，即店铺的招牌，是网店装修中最重要的模块之一。顾客就是根据店招对店铺做出第一印象的判断的，因此店招是顾客认识店铺的第一步。店招是卖家展示自身店铺名称和形象特点的重要途径，可以由文字和图案组成，表现方法十分灵活。但网店店招的表现形式和作用与实体店铺有一定区别。实体店铺的店招作用往往体现在招揽顾客上，因为实体店铺的店招是直接面对道路的。而网店店招的作用主要体现在留住顾客上，因为网店的店招并不直接面对"网络街道"——搜索页面，而是只有当顾客进入店铺之后才可以看到店招。因此，在设计网店的店招时要更多地从留住顾客的角度去考虑。

在了解网店店招与实体店招的区别之后，小王决定在相似店铺中查找异同点，这样有助于他更加明确店招的核心展示点，也可以帮助他开拓相关知识。

在经过一番搜索与对比之后，小王发现店铺店招的装修与设计，不外乎两种展示形式：静态图片与动态图片。不同的装修形式具有不同的展示效果，如静态图片，其展示的形式比较自主和简单，可以使用简约的图片设计制作而成，也可以通过代码等形式展示店招内容；而后者（编写代码的形式）可以使得店招更加丰富和多样化，如可以在店招中添加爆款商品、购物车等快捷窗口。静态店招表现形式如图 4-1 所示。

图 4-1　静态店招表现形式（图片来源于天猫）

动态店招主要使用的是 GIF（Graphics Interchange Format，图像互换格式）动画，其表现风格生动活泼，也可以通过 Flash 动画形式来展示。动态店招表现形式如图 4-2 所示，该店铺的三只松鼠形象就是使用 GIF 动画制作而成的。

图 4-2　动态店招表现形式（图片来源于天猫）

一般默认的店招表现形式为"背景图片 + 店铺名称"，这种设置非常简单，其中的背景图片可以使用店铺默认的招牌背景图片，还可以更换。因此，很多卖家会选择简单的店招形式来展示店铺的第一吸引力。

另外，店招顶部模块基本默认为 950 px×150 px，顶部模块包括店铺招牌和导航条。如果店招高度超过 150 px，店招就会被挤压或变形，因此卖家在设计店招过程中一定要注意店招的高度标准。

二、店招的设计与制作

在认真对比与学习后，小王基本掌握了店招设计的基本知识和要素，他开始制作两种类型的店招内容。之所以选择制作两种店招，是为了从中选优，保证最终的店招是与店铺最相符的店招。

1. 静态店招制作

在制作静态图片店招前,小王认为店招作为访客进店的第一视觉,在设计和制作内容上需要紧密结合店铺的定位与品牌的独特性,并从这两个方面挖掘诉求,从而使得店招更具自身优势。

小王选择了 960 px×150 px 的尺寸制作静态图片店招,利用 Photoshop 软件可以很好地得出图片精确的尺寸设置,如图 4-3 所示。

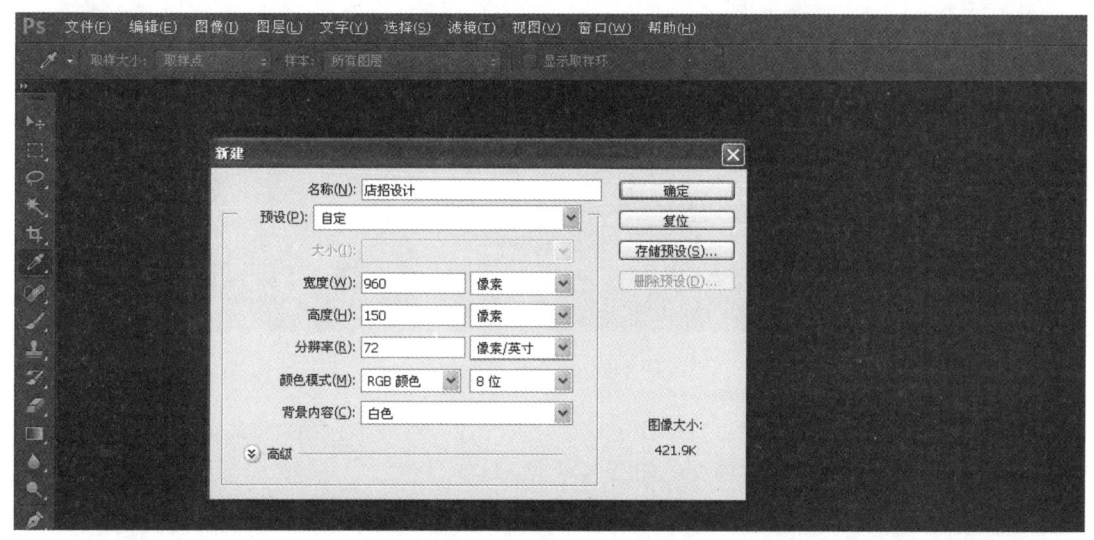

图 4-3　制定店招尺寸

店招制作风格在很大程度上和店铺经营的产品相关,所以要讲究店招、产品、店铺风格的统一。店招位于网上店铺第一屏中最为醒目的位置,是传达信息最好的阵地。因此,具有鲜明个性的店招可以在店招区域直观地传达出店铺的经营信息、所属的行业信息以及所卖产品的特点。顾客走进这家店铺,就可以很清晰地了解店铺的经营性质。

小王的店招设计理念很好地突出了这一点。首先在店招的底色上,为了更接近产品的特性与创意,选择了简洁大气的白色,加上绿叶的图案,烘托出大自然的勃勃生机。植入店招图片如图4-4 所示。

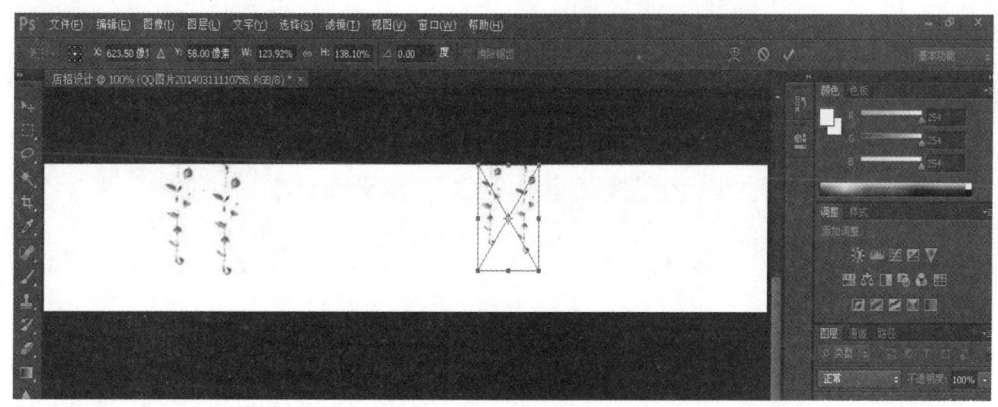

图 4-4　植入店招图片

分别将植物与展示农民辛勤劳作的画面的图片左右拼接，左边的树木隐喻城市的绿茵，右边则直观地展现农民的劳作，以此传达绿色天然的环保理念。这在意义上凸显出品牌纯天然的优点。展现拼接店招图片如图 4-5 所示。

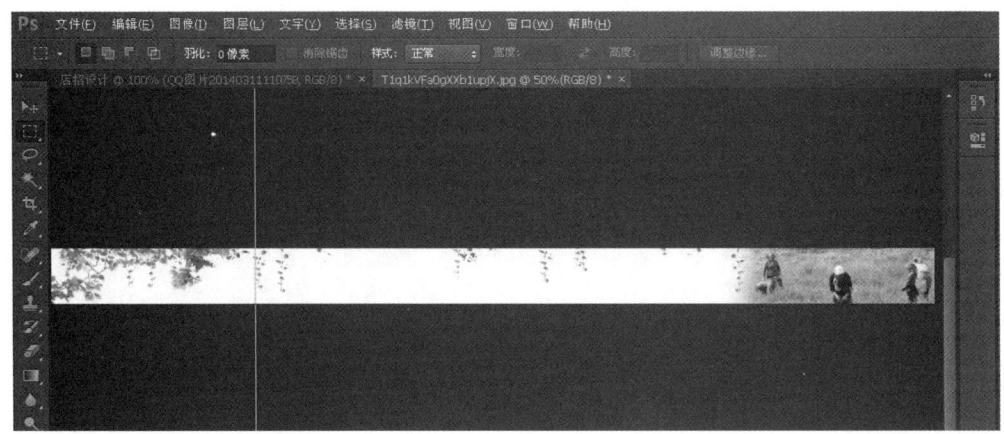

图 4-5　拼接店招图片

店招颜色采取统一的浅墨绿色，符合企业倡导的绿色天然理念，彰显食品的"新鲜"，带出了自身品牌的独特性。设置店招字体颜色如图 4-6 所示。

图 4-6　设置店招字体颜色

在店招基本元素设计完成之后，接下来就是添加店铺名称，为了保持店招整体颜色的统一，小王在此设计了与之相符的字体颜色。文字内容由店铺名称与淘宝网店地址构成，加深顾客对店铺的印象。店招的文字编辑如图 4-7 所示。

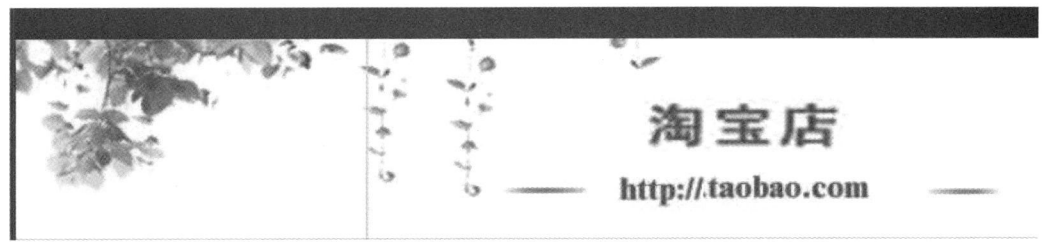

图 4-7　店招的文字编辑

由于食品行业的特殊性，顾客对网上购买食品或多或少存在顾虑，为了保证和树立自身品牌的形象，小王在店招上添加了"真实拍摄"与"如实描述""品质保证"等字样，这样不仅可以将自然、健康、绿色的店铺理念呈现给顾客，同时也能提高顾客对店铺的信任度。添加店招素材如图 4-8 所示。

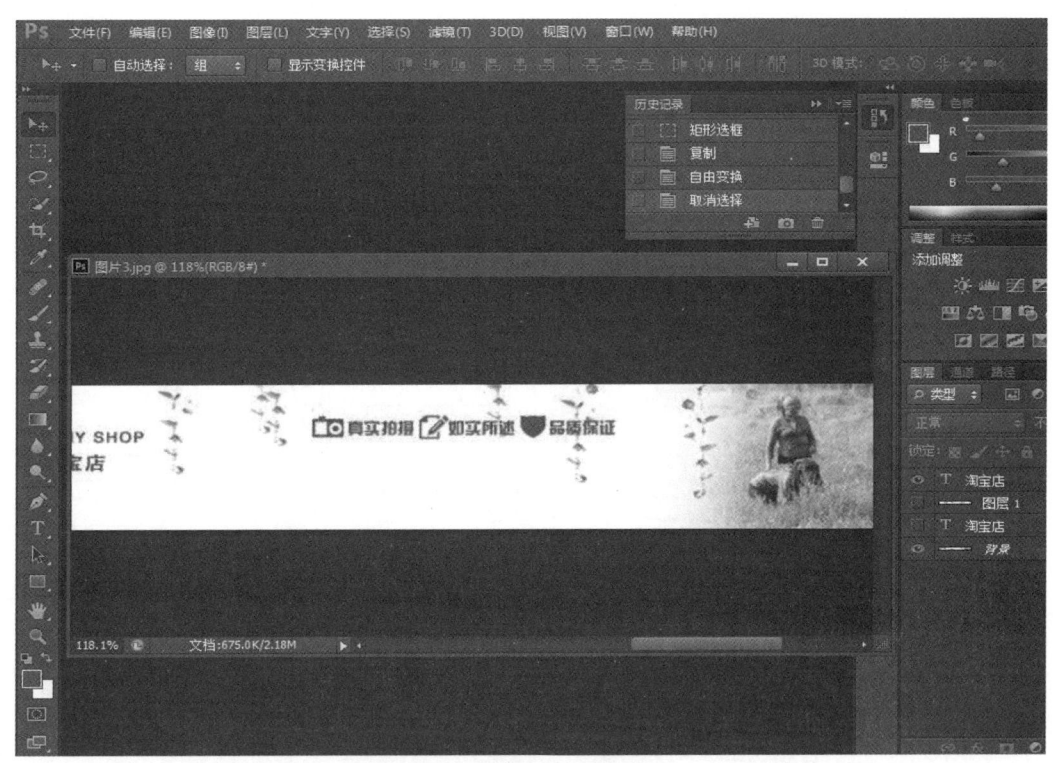

图 4-8　添加店招素材

最终，小王店铺店招设计好了，成形的店招如图 4-9 所示，充分展示了自身产品的优点与特色，将自身的品牌内涵通过店招的形式完美地呈现在顾客的眼前。

图 4-9　成形的店招

2. 动态店招制作

与静态店招制作不同，动态店招需要提前准备好相关设计素材，如制作动画的素材图片等。小王首先打开收集好的素材，如图 4-10 所示。

图 4-10　打开素材

打开素材后，小王将它们放在同一个文档内，如图 4-11 所示。如果图层被上锁或者模式被设置成"索引"就无法完成，所以需要注意图层状态。

图 4-11　选择素材

素材选择完成后，小王打开图像选项，选择"模式"，然后在模式中选择修改"RGB 颜色"，如图 4-12 所示。

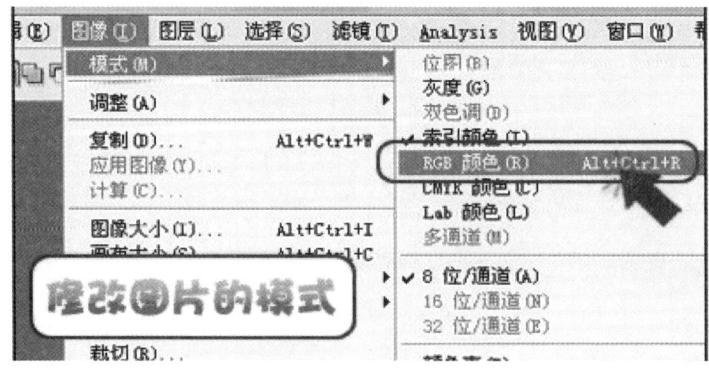

图 4-12　修改图片模式

修改好两个素材的模式后，小王将其中一个素材图层拖拽到另外一个素材内，并且将两个素材位置设置好，这时图层菜单如图 4-13 所示。

接下来，小王就可以转到 ImageReady 软件中操作了。首先要保存文件，将它命名为"动态.psd"，之后打开 ImageReady 软件，执行"文件"→"打开"命令以打开"动态.psd"。制作动画需要打开的面板有"动画""图层"以及"优化"等，如图 4-14 所示。小王单击"窗口"，选择需要打开的面板，依次完成操作，面板设置如图 4-15 所示。

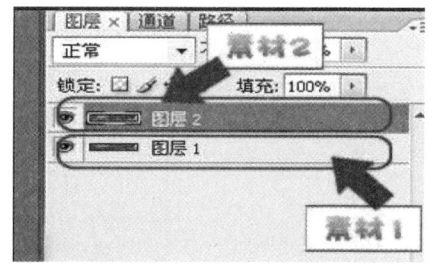

图 4-13　图层菜单

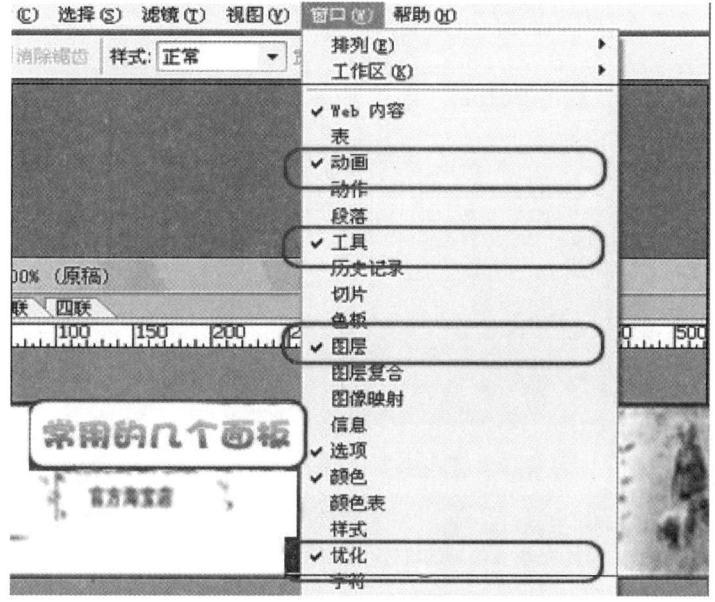

图 4-14　常用面板

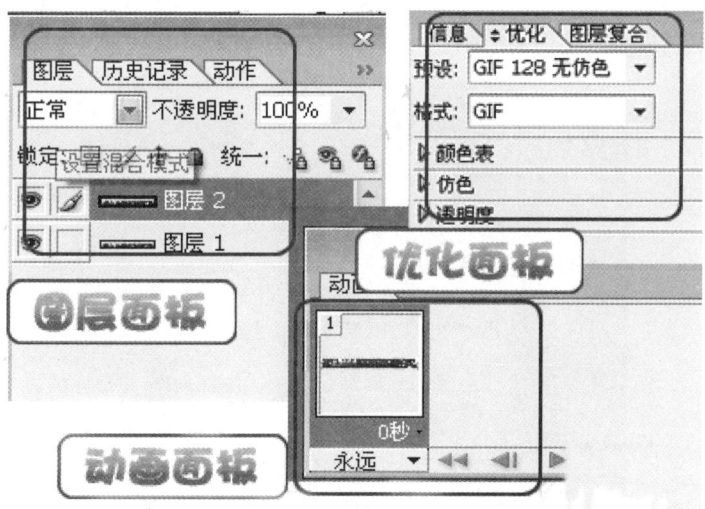

图 4-15　面板设置

打开面板后，小王就可以开始制作动画了。小王先新建一帧，如图 4-16 所示。设置每一帧的延迟时间，他选择的是 0.2 秒/帧，如图 4-17 所示。

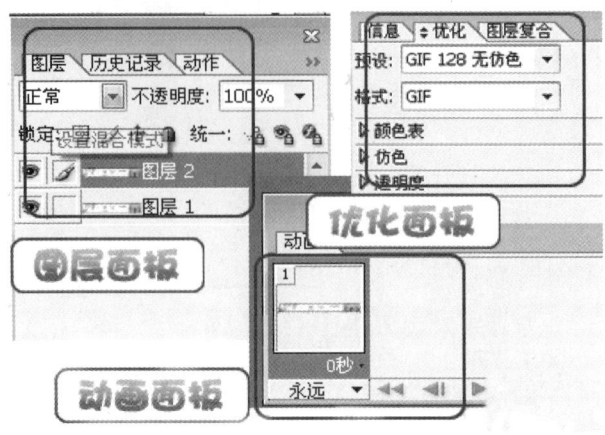

图 4-16　设置动画（1）

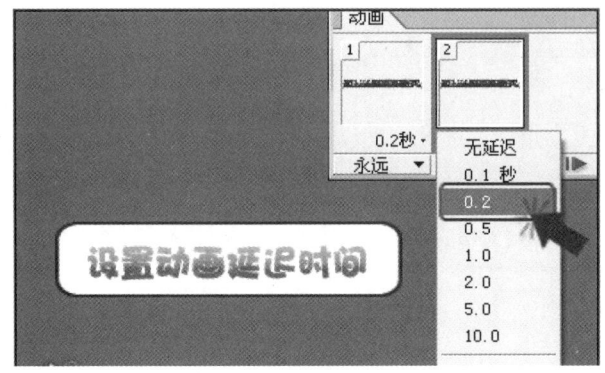

图 4-17　设置动画（2）

接着小王开始设置每一帧的显示。小王新建一帧，如图 4-18 所示。小王设置第一帧显示第一层的图片，设置第二帧显示第二层的图片，依次将每一帧设置好，如图 4-19 所示。

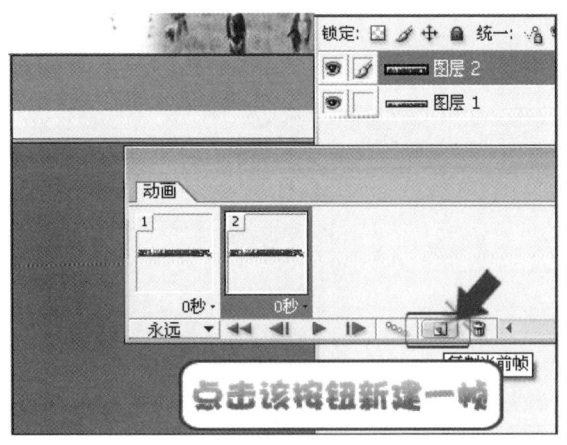

图 4-18　设置帧（1）

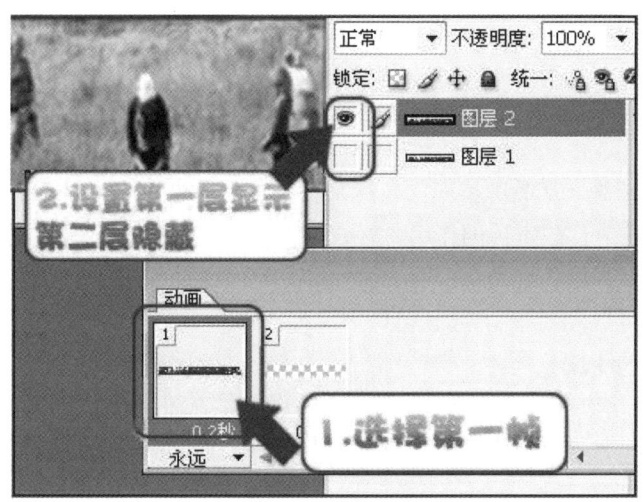

图 4-19　设置帧（2）

做到这里，小王就可以导出动画了，执行"文件"→"将优化结果存储为"命令，在"格式"中选择"GIF"即可，如图 4-20 所示。

图 4-20　导出动画

最后，小王查看动态店招效果图，如图 4-21 所示。

图 4-21　动态店招效果图

▶ 补充知识 ◀

一、店招的概念

店招就是店铺的招牌,从品牌推广的角度来看,在繁华地段,一个好的店招不仅是店铺坐落地的标志,还能起到户外广告宣传的作用。好的店招要有标准色(字),其宽度和长度符合要求,而且要清洁、明亮;其周围的灯光符合要求,包括亮度、灯的间隔距离、打灯的时间。

二、网店店招的作用

店标也叫店标图片,是淘宝网店形象识别系统的重要组成元素之一,是一种由特殊文字或图像组成的大众传播符号,它的基本功能是以图形传达信息,也是淘宝网店特色和内涵的集中体现。通常,消费者打开淘宝网店首页时最先看到的也是最醒目的地方,就是店铺的店标。它的功能不只是突出显示店名、装饰店铺这么简单。小小的店标有深层次的意义,店标的演变过程能够反映店标艺术风格、特点的变化。现代店标设计的信息化、视觉化、现代化是当前的世界潮流。一个好的店标图片可以让消费者在浏览淘宝网店时体会店主的良苦用心,同时还会对淘宝网店产生比较深刻的印象,从而增加交易的可能性。

▶ 同步实训 ◀

一、任务描述

学生在教师的带领下进入 i 博导网上商城,并按照实训提供素材如平板电脑、拉杆箱、衣服与手机等进行实际操作,在操作过程中讨论店招设计的基础要素及店招设计需要注意的事项。教师给予指导。店招设计完成之后,将其上传至店铺。教师通过评委账号对学生的自助操作内容进行打分及评审。

二、任务实施

学生单击 i 博导网上商城,进行账号注册。在登录页面,可以看到"我的网店"的字样,在页面右侧设置"商品信息管理"与"网店管埋"两大栏目,其中包含网店所有操作的内容。对于刚注册的账号,首先需要进行商品采购。可以单击左侧的"网店商品采购",也可以通过快捷入口进入"网店商品采购"页面进行采购。商品采购的主要内容是根据实训教师提供的四类素材进行操作的,因此学生可以根据团队的选择决定自身经营的商品。学生开店页面如图 4-22 所示。

单击"网店商品采购",进行商品采购。在商品采购之前,我们可以看到相关产品的行业背景介绍,不同的商品有不同的行业背景,学生可以了解与学习将要销售的商品的行业背景。商品采购时,只要单击下载实训教师预设好的资源,选择"网店进货",就可以在商品库存中找到资源。商品采购页面如图 4-23 所示。

图 4-22 开店页面（图片来源于 i 博导）

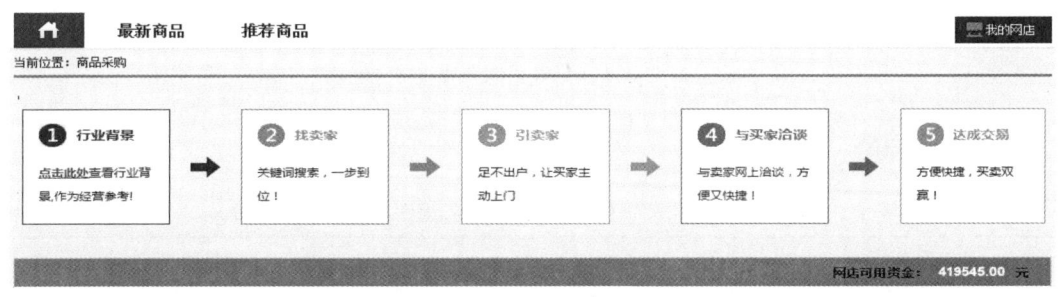

图 4-23 商品采购页面（图片来源于 i 博导）

商品采购完成，也就意味着确定了主营商品的类型。单击"网店基本设置"，如图 4-24 所示，可以看到"网店名称""网店资金""网店 Logo"等内容。网店名称可以是店铺的名称，也可以是品牌名称，这里需要强调的是在撰写网店名称的时候，一定要考虑相应的网店定位与品牌建立等因素。

除了网店名称之外，网店资金是针对后期学生将要进行的营销活动设定的，教师可以自定义预备资金。这里的资金为虚拟货币。基本信息完善之后，学生不仅需要设计店标（即店铺的标志），还要设计店招。店标的设计，需要结合店铺商品的定位与商品的特性，这样设计不仅可以帮助访客更好地记忆店铺，而且从长远来看有利于建立自身的品牌。店标的尺寸为 100 px×100 px，不能超出规定的范围，否则会使得图片变形，店标设计的推荐尺寸如图 4-25 所示。

店标设计完成之后，对于学生来说最重要的是店招的设计。店铺店招的设计不仅需要结合上述学习任务，还需要学生对不同的商品素材进行卖点挖掘，熟知商品特性，只有这样才能使店铺店招具备良好的展示效果。

图 4-24　网店基本设置（图片来源于 i 博导）

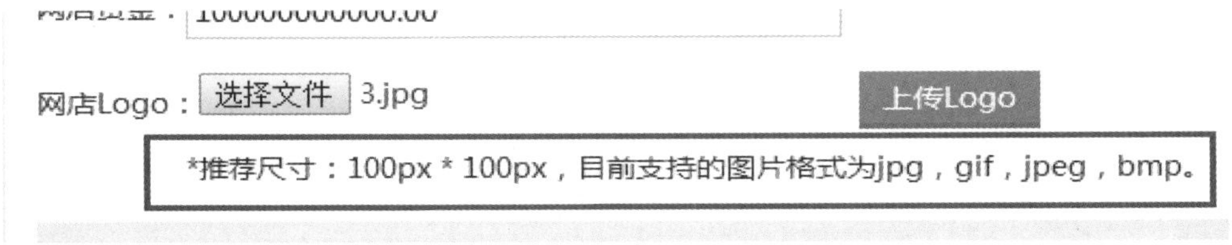

图 4-25　店标设计尺寸（图片来源于 i 博导）

三、任务评价

在学生完成实训之后，教师根据学生的实训内容进行相应的点评与打分。

任务编号		4-1	任务名称		店招设计
任务完成方式		小组协作完成 个人独立完成			
评价点					分值
是否挖掘商品卖点与品牌标榜的拓展					40
店招设计是否合理					30
店招文案是否突出店铺特点					30
本主题学习单元成绩：					
自我评价	（20%）	小组评价	（20%）	教师评价	（60%）
存在的主要问题					

▶ 任务拓展 ◀

学生在教师的带领下讨论店招设计的核心要素与商品卖点挖掘。

任务二 促销区设计

▶ 任务导入 ◀

1. 任务情境

小王进行了一系列的店招装修设计后,初步掌握了企业风格的动向。为了更进一步地明确企业的卖点需求,他决定从促销区装修设计着手,突出店铺经营商品的优势,从而打造店铺的整体运营效果。

2. 任务分析

(1)促销区初步认知。
(2)促销区设计的标准。
(3)促销区设计要素。

▶ 任务实施 ◀

一、促销区的认识

通过店招装修设计,小王掌握了企业经营商品的基本信息,考虑到店铺的营销发展,小王决定将这些信息灵活地整合到促销区设计中,通过促销区装修设计为店铺带来更多的转化率。

促销区是企业文化非常重要的展示区,企业根据自身经营活动的需要设计和组织页面内容。使用好促销区不仅能合理展示企业商品,还能对商品营销起到很好的促进作用(如图4-26)。

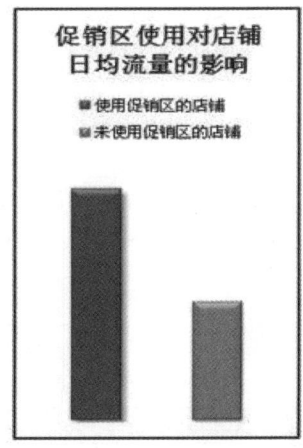 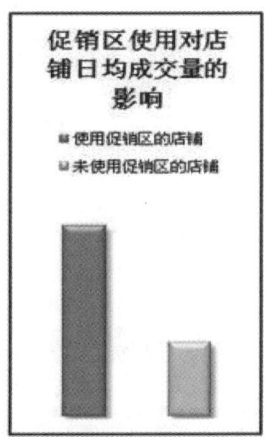

图 4-26 促销区对店铺的影响

一般情况下，为了页面的美观，促销区图片的高度应控制在500 px内，插入图片的格式为jpg或gif，支持html代码。

二、了解促销区的分类

小王根据对促销区的理解，将促销区具体细分为五种类型，即品牌形象推广区、促销商品集中区、单一促销活动宣传区、公告展示区、综合内容区。

1. 品牌形象推广区

品牌形象推广区着重突出店铺或商品的品牌形象，适合品牌化营销的卖家，如图4-27所示。它以品牌拉力带动长期持续销售，它的特点在于页面庄重、简洁、不花哨，重点突出品牌标志和标语。在区域内只放少量有代表性的商品，甚至不放商品，并且不会出现商品价格，除非确有必要，也很少放文字。

图4-27　品牌形象推广区

2. 促销商品集中区

促销商品集中区适合商品种类较多的店家，把所有促销商品放到最显眼的位置是非常有效的吸引顾客的方法，如图4-28所示。促销商品集中区的特点在于页面花哨，可以尽可能抓住买家眼球，在页面上会放很多商品并且突出商品价格，用夸张的文字突出促销内容。

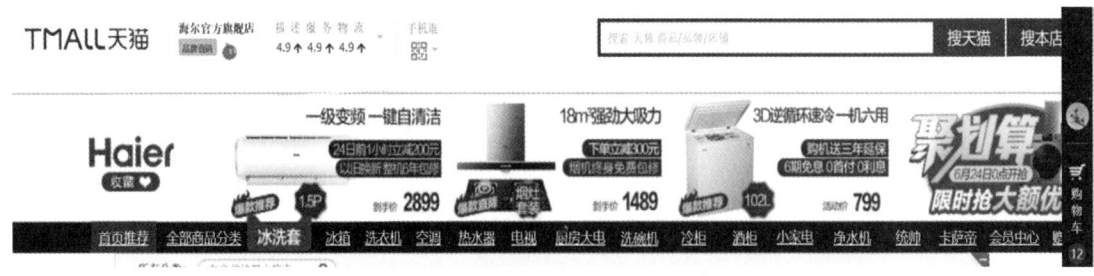

图4-28　促销商品集中区（图片来源于淘宝网——海尔官方旗舰店）

3. 单一促销活动宣传区

单一促销活动宣传区适合所有店家，它突出宣传店铺短期内的单一促销活动，集中资源带动销量。它的特点在于页面主题突出，图片和商品都是围绕一个促销活动进行设计，并且带有与活动介绍相关的文字和价格，如图 4-29 所示。

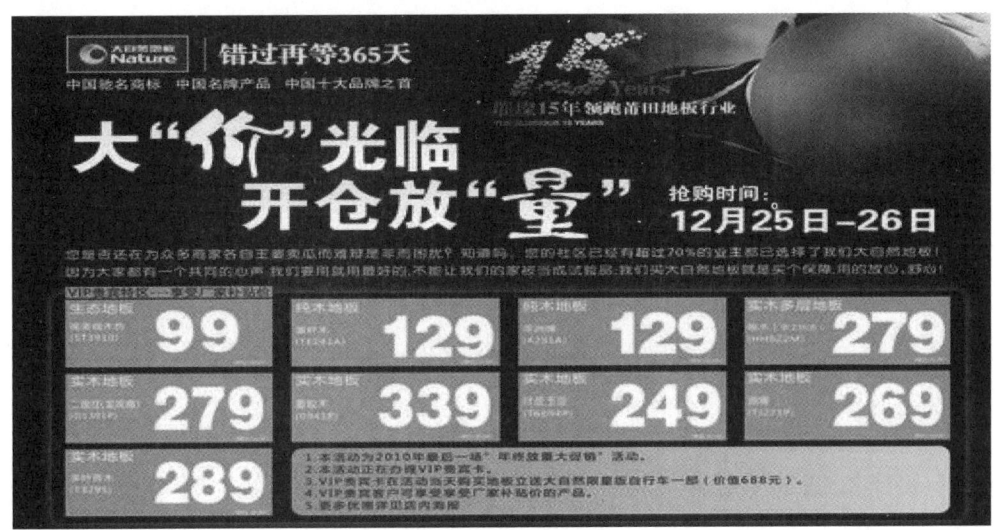

图 4-29　单一促销活动宣传区

4. 公告展示区

公告展示区同样适用于所有店家，它的主要目的是加强与消费者的沟通，把近期内的所有公告做成文案放在促销区。它的特点是使用大篇幅的文字，使用少量图片，内容多样，有促销、推广、商品介绍等信息，如图 4-30 所示。

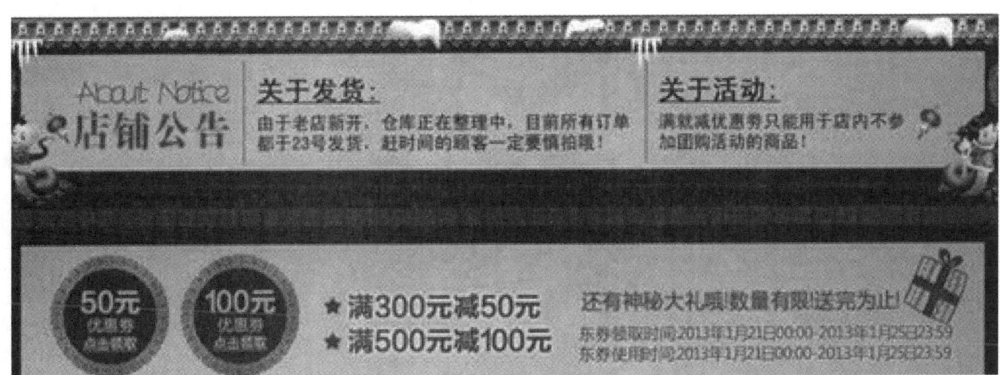

图 4-30　公告展示区（图片来源于天猫）

5. 综合内容区

综合内容区会展示店铺形象、促销商品、公告信息、推广活动等内容，不浪费任何页面空间，充分利用促销区黄金地段展示店铺内所有信息，如图 4-31 所示。它的缺点在于没有一个统一的主题，商品图片、价格、促销等亮眼标志比较多。

图 4-31　综合内容区（图片来源于淘宝网——海尔官方旗舰店）

三、促销区图片制作

促销区设计的共同标准是主题突出，目标明确和形式美观。小王接下来将以此为基准，进行促销区图片的制作。小王了解到，一张合格的促销区图片至少需要包含商品名称、商品展示图片、商品价格和网店名称等元素。

首先，小王用 Photoshop 软件打开素材图片，在工具栏中选中"□"（矩形选择工具），选择自己需要的那一部分，并按 Ctrl+C 键复制下来，选择并新建一个宽度为 740px、高度为 500px、分辨率为 72ppi 的图片，按 Ctrl+V 键将素材图片中选中的部分粘贴到新建图片中，用 Photoshop 软件工具做适当调整，得到如图 4-32 所示的促销区背景图。

图 4-32　促销区图片制作（1）

其次，小王打开需要促销商品的图片，通过图像设置调整每张图片的大小，如图 4-33 和图 4-34 所示。

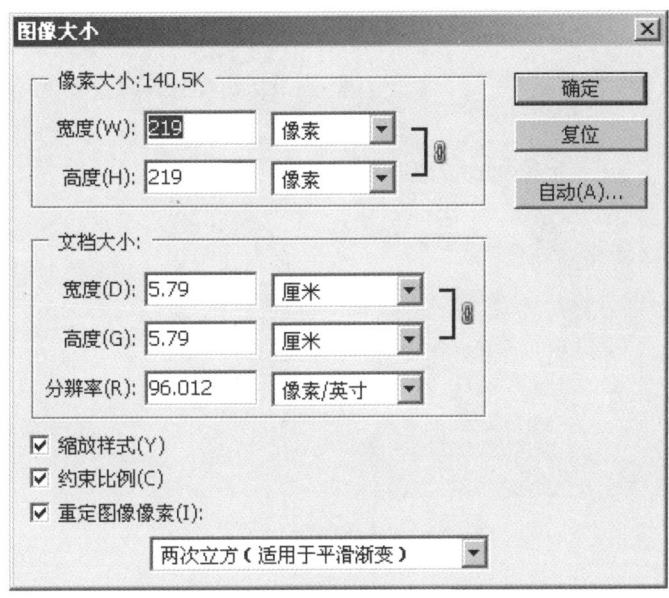

图 4-33　促销区图片制作（2）

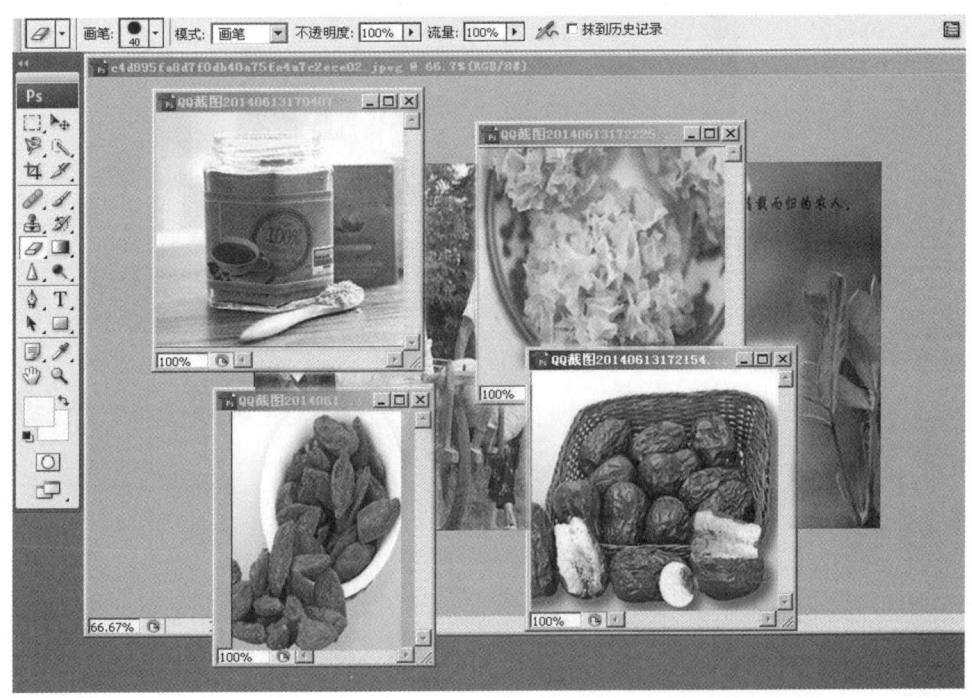

图 4-34　促销区图片制作（3）

再次，小王使用剪切工具""剪切自己需要的部分，然后使用移动工具将其移动到背景图片上，如图 4-35 所示。利用此方法将其他几张图片移动到背景图上，使用文字工具加上文字描述和价格。这里需要突出价格，因此小王将价格的字体放大加粗，如图 4-36 所示。

图 4-35　促销区图片制作（4）

图 4-36　促销区图片制作（5）

最后，小王给图片加上简单的文字，如店长推荐语、店铺宣传语等，这样一张简单的促销区图片就完成了。

▶ 补充知识 ◀

促销区图片最重要的功能就是传递信息。有吸引力的图片所传达的信息能留下良好的第一印象，吸引顾客能够继续浏览下去。因此图片的整体设计效果会在很大程度上影响点击率。那么促销区图片设计要注意哪些事项呢？

一、创意卖点

促销区图片的卖点并不一定是促销内容，而是吸引顾客眼球的亮点，即商品的核心竞争力。这个促销区图片出现在顾客面前时，会马上刺激他们的眼球，进而刺激他们的神经从而产生购物的冲动，让他们马上联想到这个商品最突出的优点，这样促销区图片就成功了。

二、促销信息

目前消费者比较喜欢有促销的商品，所以在进行店铺促销时，将促销折扣信息设置到商品图片上，可以提高点击率。比如"限时抢购""最后1天"等促销文案，让人有"再不买就错过"的紧迫感。但是促销信息应尽量简单，字体统一，字数尽量保持在10字以内，要做到简短、清晰、有力，避免促销信息混乱、喧宾夺主、字体比例失调等问题。

▶ 同步实训 ◀

一、任务描述

学生在教师的带领下进入i博导网上商城，使用实训提供素材如平板电脑、拉杆箱、衣服与手机等进行实际操作，在操作过程中讨论促销区图片设计的基础要素及促销区图片设计需要注意的事项，教师给予指导。促销区图片设计完成后，上传至店铺。教师通过评委账号对学生的自助操作内容进行打分及评审。在进行促销区图片设计时，学生需要抓住促销区图片设计的要点，比如尺寸规范、促销标签形式美感、相似色和对比色配色合理搭配、图片锐化处理、背景虚化处理。文案要简明，卖点要一目了然，切忌文字冗长。商品品牌或者店铺品牌应突出显示，打造店铺的个性风格。

二、任务实施

学生使用账号登录i博导网上商城，进入"我的网店"页面，在页面中选择左侧的"网店基本设置"，选择基本模板后，进入"网店布局设置"。在i博导网上商城中，促销区图片的展示与店铺公告是融合在一起的，学生可以通过编写代码，制作动态促销区图片展示效果，或者上传已设计好的促销区图片。需要注意的是，为了防止图片变形，应将促销区图片的高度控制在 120 px 以内，如图4-37所示。

图4-37　网店公告之促销横幅广告图展示（图片来源于i博导）

促销区图片设计不仅需要结合上述的学习任务，还需要学生根据不同的商品素材展现商品的卖点与特色，只有这样才能更好地突出店铺商品的优势，从而拉动店铺的营销。

三、任务评价

在学生完成实训内容后，教师根据学生的实训内容进行相应的点评与打分。

任务编号	4-2	任务名称	促销区图片设计
任务完成方式	小组协作完成 个人独立完成		
评价点			分值
促销区图片是否突出商品卖点与特色			40
促销区图片设计是否合理			30
促销区图片是否突出品牌风格			30
本主题学习单元成绩：			
自我评价	（20%）	小组评价 （20%）	教师评价 （60%）
存在的主要问题			

▶ **任务拓展** ◀

学生在教师的带领下讨论促销区图片设计应该突出商品的哪些细节。

任务三　店铺公告

▶ **任务导入** ◀

1. 任务情境

在完成了促销区的装修设计之后，小王清楚地掌握了企业的需求，同时也明白了要想营销成功单靠促销区是不够的，还需要结合店铺公告合理宣传。因此，小王根据自身对店铺公告的理解制订了一系列合理的规划。

2. 任务分析

认知店铺公告分类。

▶ 任务实施 ◀

为了规划好企业店铺公告的展示，小王先从认知店铺公告分类着手，从中选取最佳的公告形式。

一、认知店铺公告分类

店铺公告是买家了解店铺的一个窗口，同时也是店铺的一个宣传窗口。通过店铺公告，可以让买家迅速了解店铺，同时也可以宣传店铺的产品，一举两得，所以写好店铺公告尤为重要。店铺公告的写法有很多种，大体可分为简洁型、消息型和详细型三种。

简洁型通常是一句话或者一段话，例如"本店新开张，欢迎光临，本店将竭诚为您服务！""小店新开，不为赚钱，只为提高大家的生活质量，欢迎常来！"简洁型公告如图4-38所示。

图4-38　简洁型公告（图片来源于淘宝）

消息型就是将店铺的促销活动或者商品上新通过店铺公告告诉大家，例如"10月2日—10月20日凡购买本店商品即送50元优惠券一张，每个用户限送一个，先到先得！""本店最近上新×××商品，从厂家直接拿货，质量可靠，价格更低，现在购买即送×××。"消息型公告如图4-39所示。

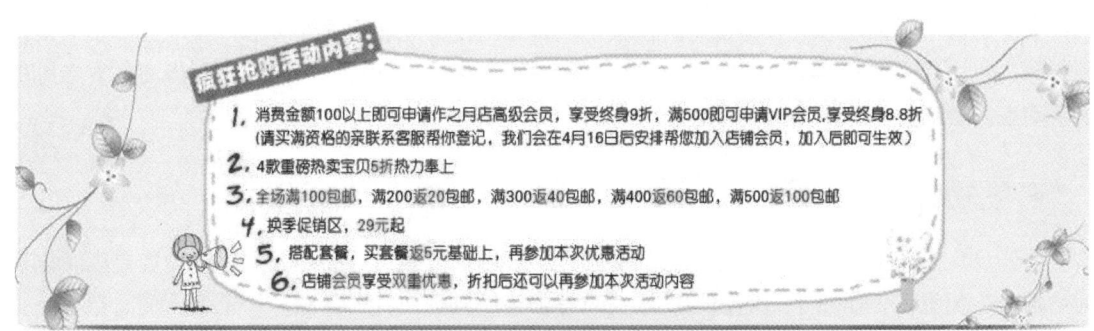

图4-39　消息型公告（图片来源于淘宝）

详细型即将购物流程、联系方式、产品概述、小店简介等统统写上去。详细型的公告内容比较多，建议给每项内容添加一个小标题，这样有利于访客迅速了解店铺的公告内容。详细型公告如图 4-40 所示。

综合上述分析，小王明白了不同的公告写法具有不同的优势，最好的办法就是根据店铺的实际情况如实填写，这样访客更容易产生信任感。另外，店铺公告并不是一成不变的。比如当店铺商品需要做活动的时候，就会用到新的店铺公告。

图 4-40　详细型公告（图片来源于淘宝）

二、制定店铺公告

小王掌握了店铺公告的分类要点后，从企业实际出发，经过多方面考虑，最终选择了简洁型的店铺公告，其主要目的是以简明扼要的语言集中表达出店铺的特色，第一时间告知顾客店铺的最新动态。店铺公告如图 4-41 所示。

▶ 补充知识 ◀

店铺公告是店铺最重要的部分之一，是顾客了解店铺的窗口。吸引人的店铺公告可以帮助店铺增加不少流量。但是由于店铺公告区域空间有限，所以在设计公告时，一定要言简意赅、一针见血。那么应该怎样设计吸引人的店铺公告呢？我们可以从以下两点着手。

图 4-42 店铺公告（图片来源于淘宝）

一、把公告做成广告

把店铺公告设计成店铺广告，可以在买家心中建立品牌形象。在公告上做广告不能太复杂，要让买家一目了然，让产品或服务的概念能够清晰地传递给顾客。广告应为目标消费者量身定做，让他们容易接受。为此，要研究目标消费者的偏好，按他们的"口味"设计广告，所设计的广告要能给买家留下深刻的印象，并能和其他卖家的广告区分开来。另外，设计广告不是为了娱乐自己，而是要让买家心动，产生想要购买的欲望。所以，要明确广告设计重点，使其符合店铺的形象，紧密联系品牌，从而强化品牌在消费者心中的地位；广告设计要新奇有趣，因为目前倾向于网上消费的大多是年轻人，他们更愿意接受耐人寻味、极富趣味的信息。

二、把公告做成信息栏

公告发布的信息大致包括如下方面。

1. 促销活动

这些活动包括一元起拍、购物优惠、店铺开张纪念日优惠等。把这些信息放入公告栏，光临店铺的买家一眼就可以看到卖家精心策划的促销活动。

2. 店铺新变化

店铺新变化包括新品到货、产品结构调整和分店开张等信息。

3. 其他一些信息

在没有活动信息或者最新消息时，可以发布一些优美的欢迎辞，符合产品属性的宣传语、开店宗旨等，或者干脆讲述个人的故事，如创业经历。

▶ 同步实训 ◀

一、任务描述

学生在教师的带领下进入 i 博导网上商城，使用实训提供素材如平板电脑、拉杆箱、衣服与手机等进行实际操作，在操作过程中讨论店铺公告设计的基础要素及店铺公告制作需要注意的事项。教师给予指导。店铺公告完成后，将其上传至店铺。教师通过评委账号对学生的自助操作内容进行打分及评审。

学生在进行店铺公告设置时，应该注意突出对商品信息、店铺活动等方面的描述，由于店铺公告的形式比较灵活，可以通过图片或文本等形式呈现。但无论采取哪种方式，都要将店铺公告的内容交代清楚。

二、任务实施

学生使用账号登录 i 博导网上商城，在网店基本设置页面的轮播图片设置中完成店铺公告的设计。学生可以根据自身创建店铺的风格，设计一张至数张轮播图片公告，但若学生选择图片形式的店铺公告，应注意图片尺寸高度小于 480 px，如图 4-43 所示。

图 4-43　店铺公告设置（图片来源于 i 博导）

店铺公告需要学生结合店铺素材展现店铺的风格与特色，要求清晰地表达出店铺的主旨。

三、任务评价

学生完成实训内容后，教师根据学生的实训内容进行相应的点评与打分。

任务编号	4-3	任务名称	店铺公告
任务完成方式	小组协作完成 个人独立完成		
评价点			分值
店铺公告内容是否表达准确			40
店铺公告展示是否合理			30
店铺公告是否突出店铺特色			30
本主题学习单元成绩：			
自我评价	（20%）	小组评价 （20%）	教师评价 （60%）
存在的主要问题			

▶ **任务拓展** ◀

学生在教师的带领下讨论店铺公告设计的要点。

▶ **巩固与提高** ◀

一、单项选择题

1. (　　) 是一种由特殊文字或图像组成的大众传播符号。
   A. 店招　　　　B. 头像　　　　C. 文字　　　　D. Banner（横幅广告）
2. 店招图片的默认格式一般为（　　）。
   A. jpg　　　　B. gif　　　　C. jpeg　　　　D. png
3. 促销图片的高度应该尽量控制在（　　）以内。
   A. 120 px　　　B. 130 px　　　C. 150 px　　　D. 160 px
4. (　　) 是店铺形象的代言。
   A. 店铺名称　　B. 店铺头像　　C. 店铺 Banner　　D. 店招
5. 促销信息应尽量简单，字体统一，字数尽量保持在（　　）字以内，要做到简短、清晰、有力，避免促销信息混乱、喧宾夺主、字体比例失调等问题。
   A. 5　　　　　B. 10　　　　　C. 20　　　　　D. 50

二、简答题

1. 网店风格确定的六大技巧是什么？
2. 网店装修的基本步骤有哪些？

3. 网店装修的主要内容有哪些?
4. 网店装修的五大技巧是什么?
5. 网店店招的作用有哪些?

三、论述题

1. 网店装修可以根据主观认识随意对网店进行修改吗?
2. 网店装修对卖家来说是可有可无的手段吗?

四、操作题

了解网店店铺装修模板及其应用。

项目五　产品图片美化

【知识目标】

1. 了解 Photoshop 软件。
2. 了解 Photoshop 修图要素。
3. 了解促销图的制作。
4. 了解图片创意的处理。

【能力目标】

1. 能够掌握 Photoshop 基本技巧。
2. 能够独立完成产品图片的处理与美化。
3. 能够独立完成图片创意的处理。

▶ 任务导入 ◀

1. 任务情境

日常生活和工作中我们用到的图片美化工具有许多，比较常用的有 Photoshop、光影魔术手以及美图秀秀等。本项目主要讲解 Photoshop 在美图中的应用方法。

2. 任务分析

通过软件美化过的图片，更能够刺激消费者的需求。

▶ 任务实施 ◀

任务一　美化软件认识

一、认识 Photoshop

Adobe Photoshop，简称 PS，是由 Adobe Systems 开发和发行的图像处理软件。Photoshop 主要处理以像素所构成的数字图像。使用其众多的编修与绘图工具，可以有效地进行图片编辑工作。Photoshop 有很多功能，涉及图像、图形、文字、视频、出版等各方面。关于 Photoshop 软件的使用方法，相信许多书籍都有所介绍，而专门针对淘宝网店的图片处理与设计的介绍较少。为了能让更多的同学快速学会使用 Photoshop，完成网店装修和图片处理任务，本项目重点从网店装修图片处理的角度，结合实际案例进行讲解。

以目前功能最齐全的 Photoshop CS6 版本进行讲解，打开操作界面，如图 5-1 所示。

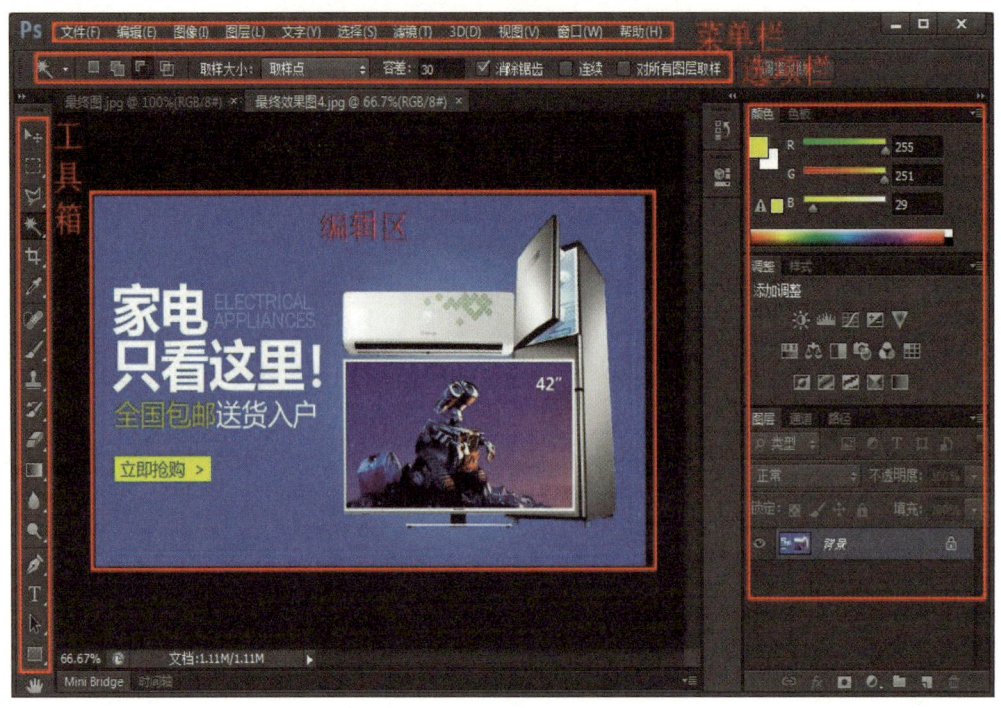

图 5-1　Photoshop CS6 工作界面

1. 了解网店装修设计中常见的图片参数

图片是网店装修和视觉营销的主要元素。但是，直接拍摄的图片，一般是不能直接使用的，存在文件太大不能直接上传、图像色彩偏色、商品背景杂乱等问题，需要针对这些问题图片进行处理，使其符合使用要求。淘宝网店装修中常见的图片具体要求，如表 5-1 所示。

表 5-1　淘宝图片设计尺寸格式参照表

图片名称	尺寸要求	文件大小	支持图片格式	设计建议
店标	建议尺寸 80px×80px	小于 80KB	GIF、JPG、JPEG、PNG	醒目、独特、可以是商标、产品图片
旺旺头像	最佳尺寸 120px×120px	小于 300KB	GIF、JPG、JPEG、PNG	—
宝贝主图	800px×800px 至 1200px×1200px	小于 500KB	JPEG、JPG	白底、正方形
店招图片	950px×118px	不限	GIF、JPG、JPEG、PNG	品牌形象或促销宣传
导航背景	950 px×32px	不限	GIF、JPG、JPEG、PNG	按新旺铺要求

续表

图片名称	尺寸要求	文件大小	支持图片格式	设计建议
轮播图片	通栏 950px 右侧栏 750px	无明确规定，建议小于 300KB	GIF、JPG、JPEG、PNG	宣传促销或品牌形象
分类图片	宽度小于 160 px 高度无明确规定	建议小于 50KB	GIF、JPG、JPEG、PNG	醒目，方便导航
页头背景	不限	小于 200KB	GIF、JPG、JPEG、PNG	最好可以无缝拼接
页面背景	不限	小于 200KB	GIF、JPG、JPEG、PNG	

2. 新建文件

当我们要设计图片时，首先要设置图片的大小，根据图片的使用环境设置分辨率和颜色模式。具体操作步骤如下。

步骤 1：选择"文件"→"新建"命令，如图 5-2 所示。

图 5-2　新建文件

步骤 2：新建文件后，弹出"新建"对话框，如图 5-3 所示。根据需求设置图片的文件名称，宽度和高度尺寸、尺寸单位、分辨率、颜色模式以及背景颜色，通常商品背景为白底。

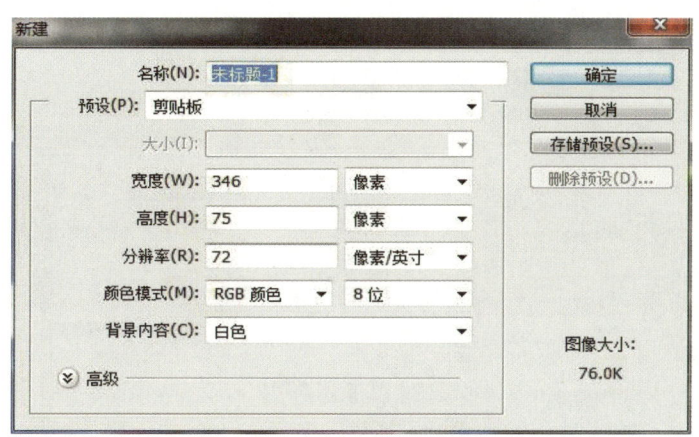

图 5-3　设置新建文件

步骤 3：单击"确定"按钮，新建文件设置完成。

3. 打开文件

步骤 1：选择"文件"→"打开"命令或按快捷键 Ctrl+O，如图 5-4 所示。

图 5-4　打开文件

步骤 2：在弹出的对话框中选择要打开的文件，单击"打开"按钮即可完成。

4. 保存关闭文件

图片处理好后需要保存结果，操作步骤如下。

选择"文件"→"另存为"命令或按快捷键 Ctrl+Shift+S，选择保存位置，保存文件名及文件格式，单击"保存"或"存储为"按钮，如图 5-5 所示。图片的保存格式一般为 JPG。如需透明背景图则选择 PNG 格式，在设计制作过程中为了方便以后修改，可将文件保存为 PSD 格式。对于颜色相对单一的图片或单色的文字图片及动画图片，可以选择保存为 GIF 格式的文件。

对于打开后不使用的素材文件或处理好的图片，要养成即时关闭的习惯，这样可以提高内存的利用率，对提高软件运行速度也有一定的帮助。切换到要关闭的文件窗口，选择"文件"→"关闭"命令即可关闭文件，继续其他文件的操作。

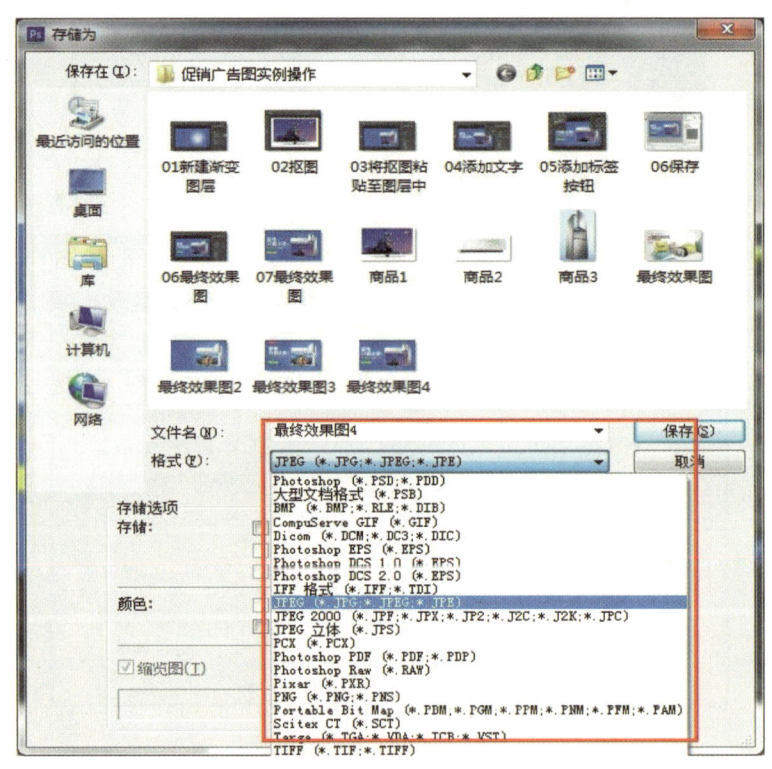

图 5-5　保存文件

二、认识光影魔术手

光影魔术手是一款改善提升图像画质及处理效果的软件。简单易用，不需要任何专业的图像技术，就可以制作出专业胶片摄影的色彩效果，且其批量处理功能非常强大，是摄影作品后期处理、图片快速美容、数码照片冲印整理时必备的图像处理软件，能够满足绝大部分人照片后期处理的需要。光影魔术手与 Photoshop 功能大同小异，因此我们就不做过多的讲解，同学们可以自行在网上学习。

任务二　图片美化流程

在拍摄图片时，由于各种原因，可能会导致拍出的图片并不十分完美，需要利用裁切工具来美化图片，本任务主要讲解图片的美化流程、方法及技巧。

一、裁剪最佳位置

裁切工具是较常用的工具，类似于日常生活中使用的剪刀，操作简单，但要裁剪出合身的衣服、漂亮的窗花，可不是那么容易的，其中有很多的技巧。下面对裁剪工具的使用及相关技巧加以讲解。

1. 裁剪出正方形

宝贝首图的要求是正方形，而卖家拍摄出来的照片，一般比例都是 4∶3，需要通过剪裁将图片处理成正方形。

具体步骤如下：

步骤1：选择"文件"→"打开"命令，找到图片路径，点击打开文件。

步骤2：选择剪裁工具。单击剪裁工具按钮，如图 5-6 中方框部分，选中后按住 Shift 键不放，从商品左上角向右拖拽出一个正方形选区，鼠标放在虚线边框左下角，可拖动选区调整剪裁大小，完成后点击回车完成图片剪裁，如图 5-7 所示。

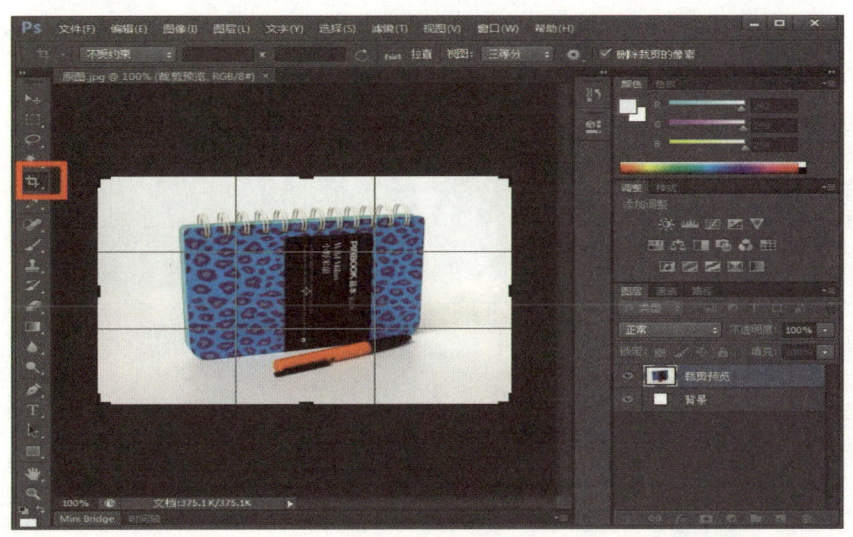

图 5-6　剪裁

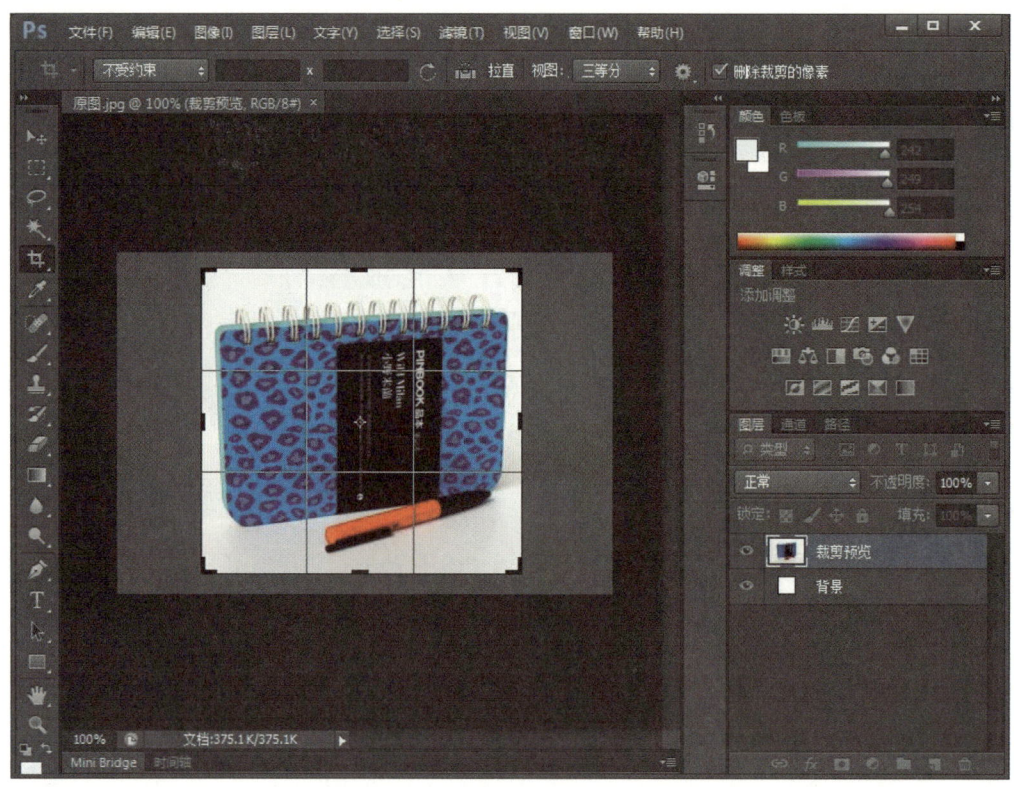

图 5-7 选择剪裁窗口

步骤 3：剪裁后效果如图 5-8 所示。

图 5-8 剪裁后效果

步骤 4：保存文件，单击"文件"→"存储为"命令，输入文件名，图片一般储存为 JPG 格式，选择保存的位置，单击"保存"按钮。

2. 裁剪校正角度倾斜图片

相机拍摄时，可能由于摄影师或器材存在问题，使得拍摄出的商品图片角度有所倾斜，那么该如何调整？这时利用剪裁工具可以将其调整到正确角度。

具体步骤如下：

步骤 1：打开图片。

步骤 2：选择剪裁工具按钮，按住 Shift 键在图片上拉出一个正方形虚线框，当拉到图片边界时，松开鼠标和 Shift 键，如图 5-9 所示。

图 5-9　拉出剪裁框

步骤 3：拖拽选区，选择商品大小。

步骤 4：将鼠标移至选区虚线框的一个角上，出现转动箭头时，按下鼠标进行左右旋转，调整商品水平方向，同时拖拽商品至图片中心位置，如图 5-10 所示。

图 5-10　调整虚线方向

步骤 5：单击回车完成裁剪，如图 5-11 所示。

图 5-11　剪裁完成

步骤 6：保存图片。

3．裁剪重新构图

商品拍摄中难免会对构图不满意，如出现背景过大、图片过小的问题，因此使用裁剪工具可以帮助卖家完成对商品的重新构图。操作过程如下：

步骤1：打开图片。

步骤2：点击剪裁工具按钮，拖拽选区，选择合适的重构区域，如图5-12所示。

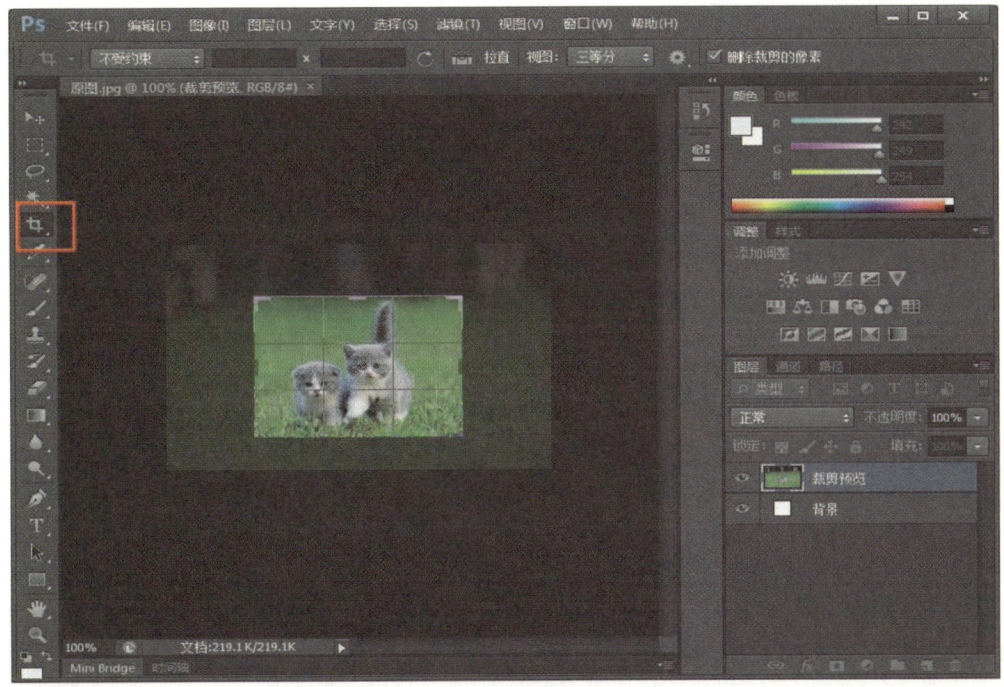

图 5-12 原图裁剪示意图

步骤3：点击回车，完成重新构图，如图5-13所示。

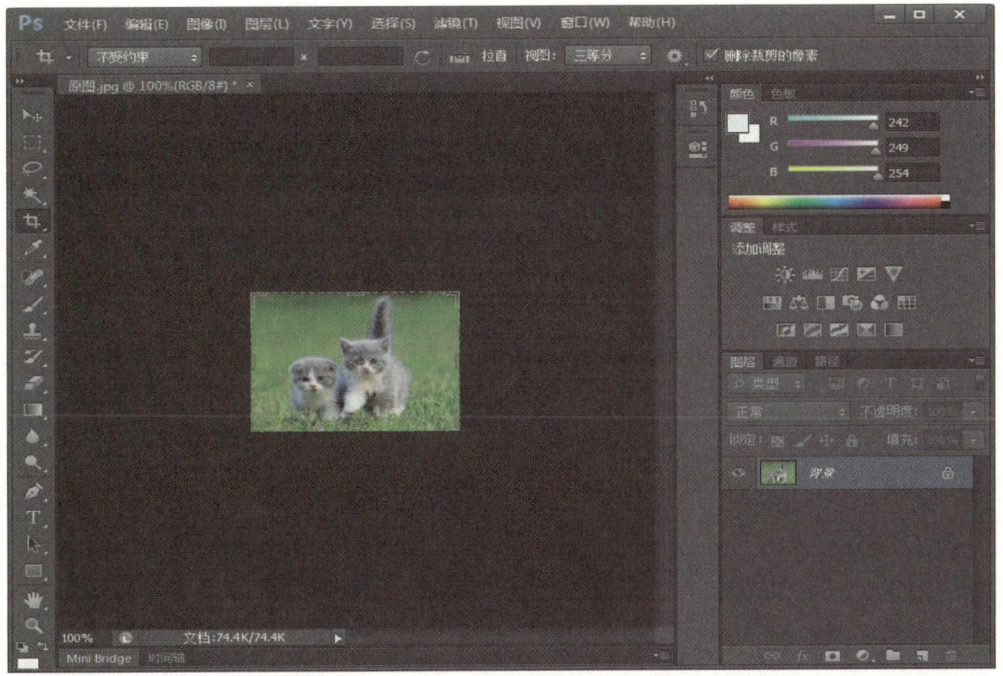

图 5-13 裁剪后效果

4. 放大裁剪突出细节

在淘宝网的宝贝描述中经常要用到产品细节图，除了在拍摄时可以用微距拍摄出细节特写照片外，还可以将拍摄后的原图放大，从放大后的图片中裁剪出细节图。具体操作过程如下。

步骤1：打开一张图片，选择裁剪工具，选择需要裁剪的区域，如图 5-14 所示。

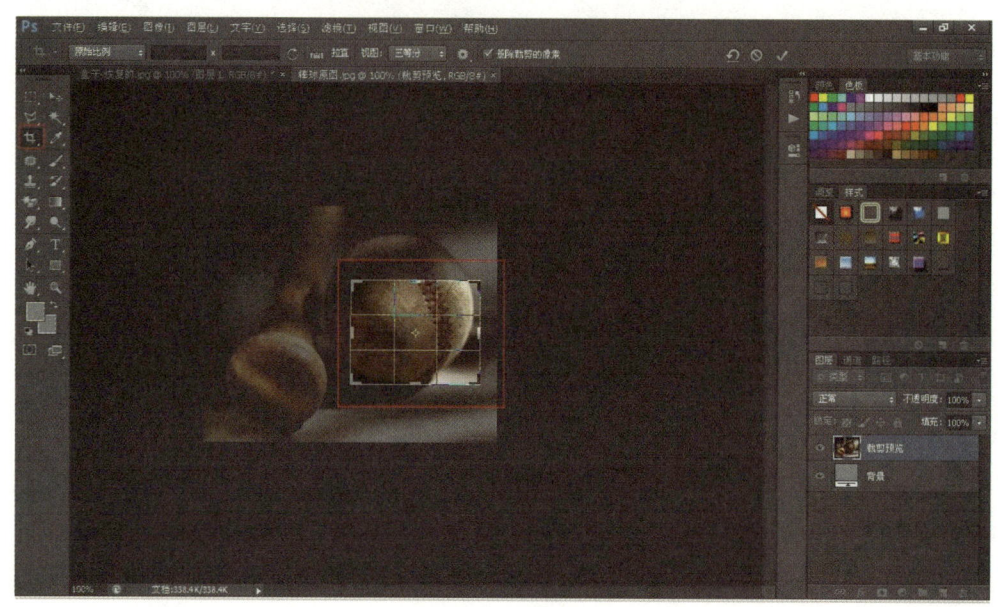

图 5-14　选择裁剪区域

步骤2：确认裁剪区域后，单击回车完成裁剪，如图 5-15 所示。

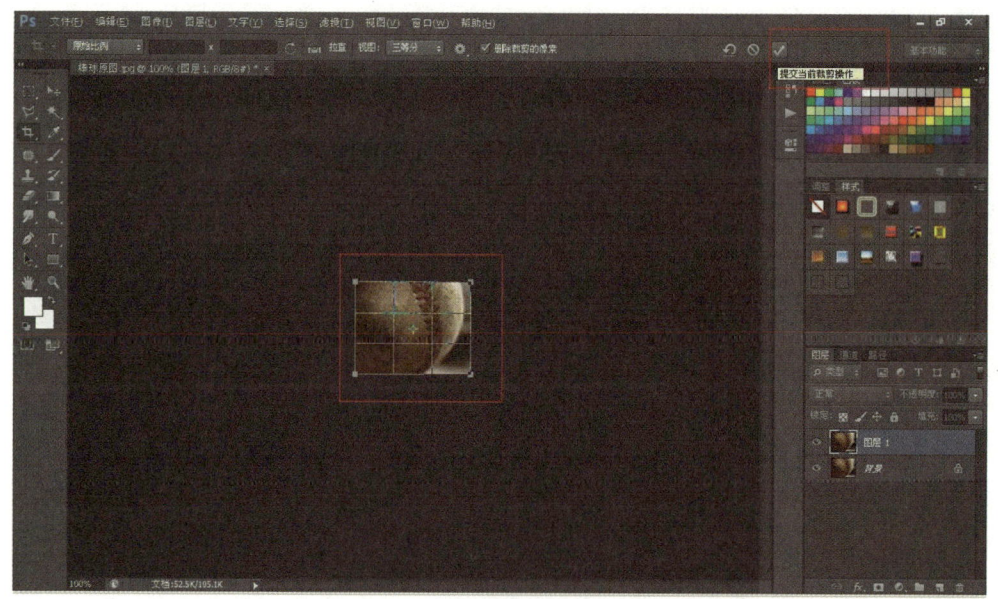

图 5-15　确定裁剪区域

最后，原图与最终效果对比如图 5-16、5-17 所示。

图 5-16　原图

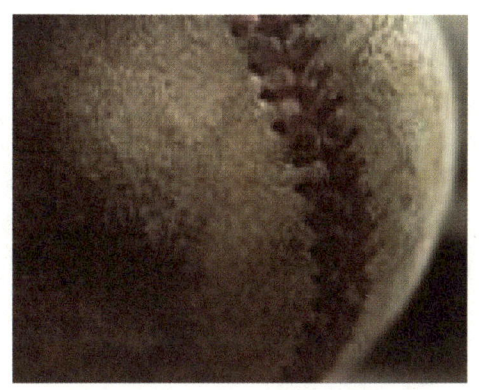
图 5-17　放大剪裁后

5. 改变信息点

每张图片都会有一个或多个信息点，信息点过多就无法突出重点。如图 5-18 所示，信息的重点应该是冰箱，但人们从消费习惯上最关注冰箱的内部，所以在这里对图片进行了重构，然后信息点在冰箱的内部——冰箱的容量，如图 5-19 所示。

图 5-18　原图　　　　　　　　　图 5-19　改变信息点后

6. 固定尺寸裁剪

在裁剪工具的属性栏中，我们可以设置宽度和高度的像素值，裁剪后会自动缩放到设定好的尺寸大小。在裁剪轮播图片、店招图片、描述分割图时，可以灵活使用这种方法。那么该如何进行固定尺寸裁剪呢？具体步骤如下。

步骤 1：打开一张图片，选择裁剪工具，如图 5-20 所示。

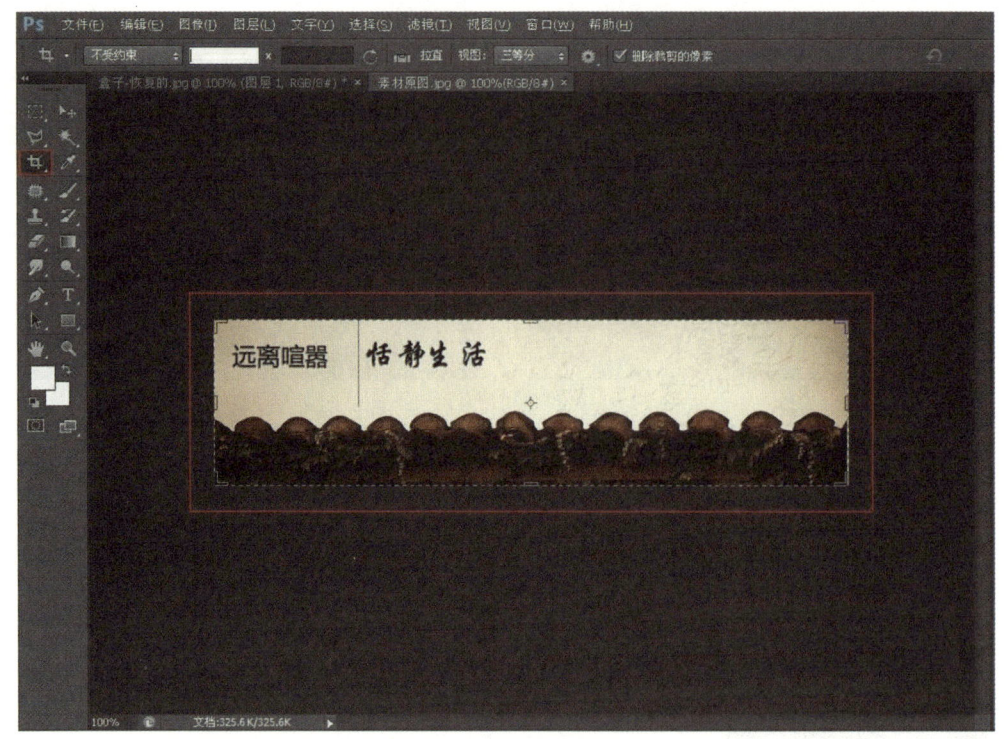

图 5-20　选择裁剪工具

步骤 2：在裁剪工具的属性栏中，设置需要裁剪图片的长度与宽度，如图 5-21 所示。

图 5-21　设置裁剪工具属性

步骤 3：将固定好的裁剪框移至需要裁剪的区域，如图 5-22 所示。

图 5-22　确定裁剪框位置

步骤 4：调整好裁剪框的位置后，单击回车，裁剪效果如图 5-23 所示。

图 5-23　最终裁剪效果

二、修图美化图片

照片在拍摄过程中,受环境的影响,可能会出现一些影响照片品质的污点等,使用 Photoshop 强大的处理功能可以轻松处理这些问题,让图片更加美观。

Photoshop 修复工具的基本原理是将要修复位置的像素信息,用周围或其他位置的像素信息来替换,从而达到修改现在的或恢复原来的像素信息的效果。

1. 污点修复画笔工具

(1)功能:在画笔单击处,用周围的内容填充替换画笔范围内的内容。
(2)特点:主要针对较细小的污点进行处理。
(3)工具: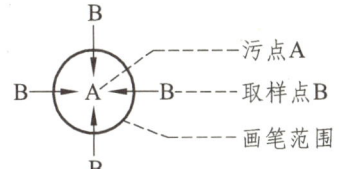,快捷键 J,画笔放大和缩小的快捷键分别为 "]"、"["。
(4)应用:小污点的修复处理、祛斑、祛痘等。
(5)原理:污点修复原理如图 5-24 所示。

图 5-24　污点修复原理

(6)工具属性设置:

①画笔大小:根据污点的大小来设置画笔的大小,可以配合键盘上的快捷键"["(缩小)、"]"(放大)进行调整。

②模式:采用图层的混合模式,一般选择正常模式。

③类型:近似匹配,由 B 向 A 填充时边界较生硬;创建纹理,A 点由纹理内容填充;内容识别,B 向 A 填充时过渡自然,效果比近似匹配要好一些。

(7)案例演示:修复前后对比,如图 5-25 和图 5-26 所示。

图 5-25　修复前

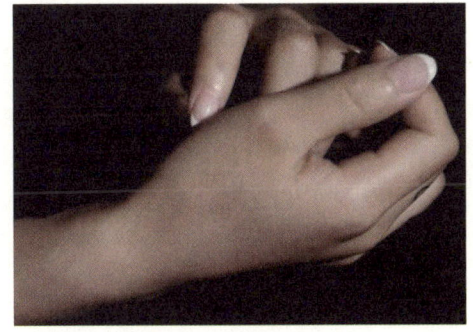

图 5-26　修复后

具体操作步骤如下:

步骤 1:打开一张图片,选择污点修复画笔工具,如图 5-27 所示。

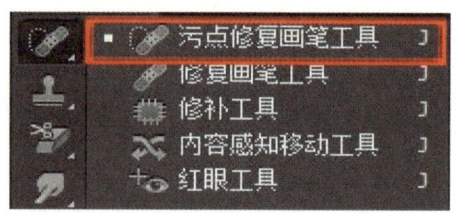

图 5-27 污点修复画笔工具

步骤 2：点击调整工具大小，如图 5-28 所示。

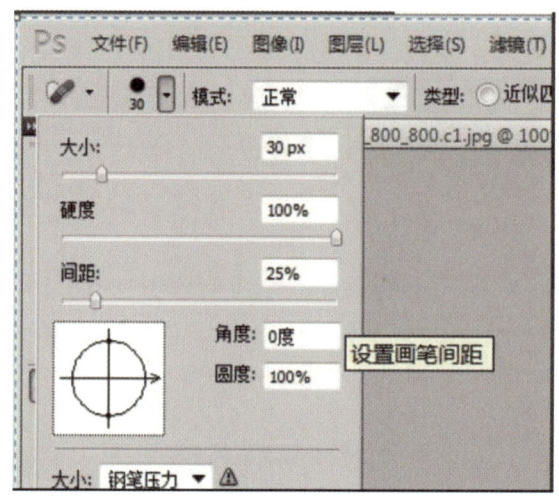

图 5-28 调整工具大小

步骤 3：根据污点大小设置画笔大小为 13，选择类型为内容识别，模式为正常，选中需要修复的区域，污点就被画笔周围的像素填充替代了。如图 5-29 所示。

图 5-29 属性栏设置

2．修补工具

（1）功能：将选中区域的像素由其他位置的像素代替或代替其他位置的像素。
（2）特点：适合较大面积像素的修改或替换，保留像素原来亮度信息。
（3）工具： 修补工具 ，快捷键 J。
（4）原理：修补工具原理如图 5-30 所示。

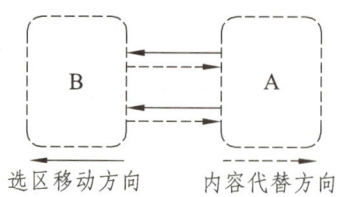

源：选区 A 移动到 B 时，B 的内容会替代 A 区域的内容

目标：选区 A 移动到 B 时，A 的内容会替代 B 区域的内容

图 5-30 修补工具原理

（5）选项：修补工具属性栏如图 5-31 所示。

① 源：修补工具建立的选区移动到取样位置时，取样位置的像素会代替原来的像素。

② 目标：与源的像素填充代替方向相反。

③ 透明：勾选后填充代替的内容会半透明。

图 5-31　修补工具属性栏

3. 仿制图章工具

拍摄商品时，有时候商品图片难免会出现挂钩、衣架等物品，为了使上架商品好看、漂亮，往往需要去除这些细节，那么如何用仿制图章工具对商品图片进行修改呢？

步骤 1：打开文件。

步骤 2：选择仿制图章工具，可以根据需要修复的部位、大小、硬度对图章工具属性进行更改，如图 5-32 所示。

图 5-32　选择仿制图章工具

步骤 3：在图 5-33 中标注 A、B 两点以作示意，目的是用 A 点像素替换 B 点像素，先按住键盘上 Alt 键，然后在 A 点单击，确定选区。

图 5-33 像素替换

步骤 4：点击鼠标，沿着 B 点位置左右移动，A 点像素就会被仿制到 B 点，从而达到修改的目的，如图 5-34、图 5-35 所示。

图 5-34 修改前　　　　　　　　　　　　　图 5-35 修改后

步骤 5：完成修补，保存图片最终效果如图 5-36 所示。

图 5-36　最终效果

三、调色

在拍摄时受环境光线的影响，商品照片经常会曝光不足或偏色。在商品展示过程中，图片的质量直接影响交易的结果，比如一张曝光不足的照片，客户连产品都看不清楚，成交的概率肯定是不高的；如果买家看到的图片颜色有色差，那么中差评的概率就会大大增加。

1. 认识色阶

色阶表示图像从暗到亮像素的分布情况，一般以波浪峰值的直方图表示，表现一张图片中从暗到亮的各个层级中像素的分布数量。使用 Photoshop 的色阶工具可以调整图片的亮度。

在 Photoshop 软件中打开图片，如图 5-37 所示。图片中从左至右分别是全黑、80% 灰度、60% 灰度、40%灰度、20%灰度、白色的色块，然后打开色阶工具，即单击"图像"→"调整"→"色阶"或按快捷键 Ctrl+L。

图 5-37　打开图片

图 5-38 是色阶分布图，从色阶图中可以看到 X、Y 两个轴，X 轴从左到右用 0～255 即 256 级表示从黑到白的变化过程，Y 轴表示对应 X 轴 256 级的亮度分布中不同亮度的像素数量。这里要注意色阶只表示亮度，与色彩无关。从色阶图中可以看出，黑色、80%灰度、60%灰度、40%灰度、20%灰度、白色像素的峰值是达到顶部的，而从图片 Y 轴上可以看到其他亮度的像素几乎没有。

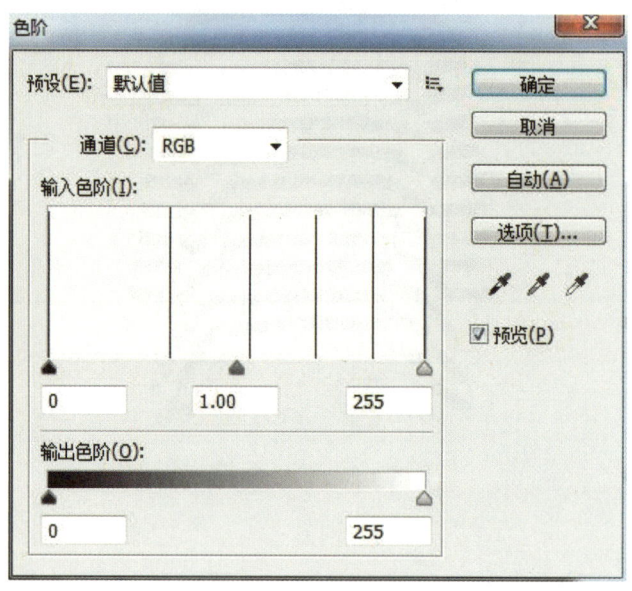

图 5-38 色阶分布图

通过对色阶分布图的观察，我们可以了解到相机拍摄时的曝光效果，减少后期的图片调整工作。

2. 色阶工具

商品拍摄过程中，往往会因为拍摄时间存在问题导致商品拍摄照片曝光不足，比如图 5-39 为天黑前在最后一点光线下抓拍的照片，存在一些曝光不足的问题，那么如何使用色阶工具调整图片亮度呢？

图 5-39 商品原图

步骤1：打开图片。

步骤2：打开色阶工具，点击"图像"→"调整"→"色阶"命令，如图5-40所示。

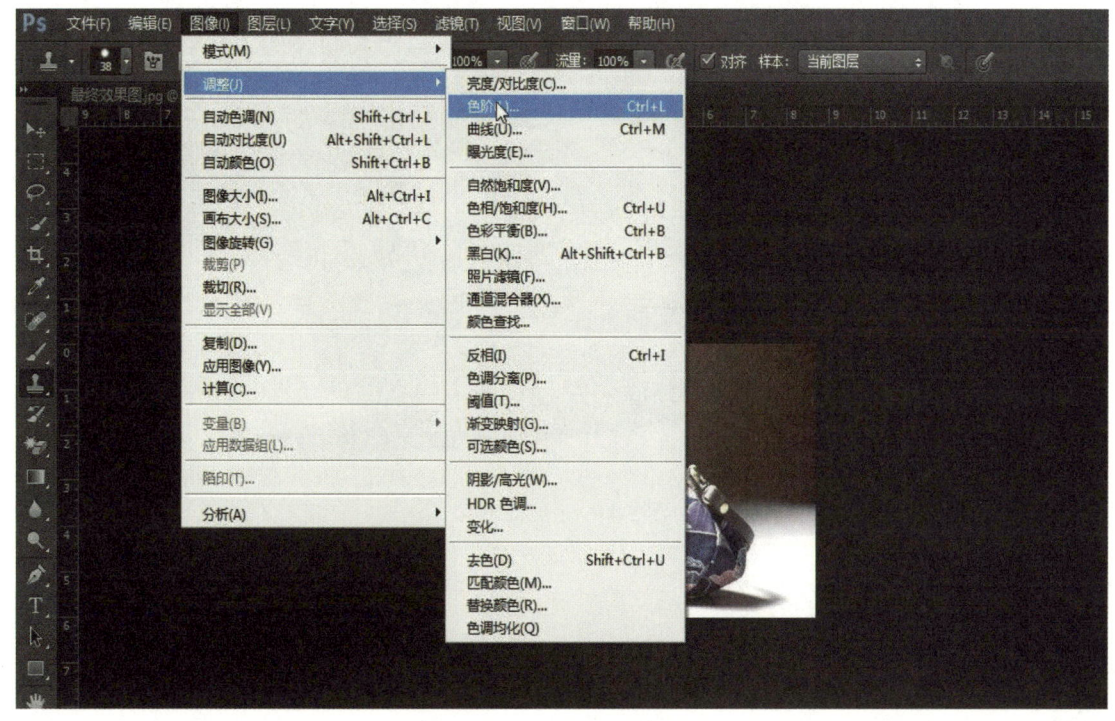

图5-40　打开色阶工具

步骤3：按住鼠标左键拖动三角，如图5-41所示的右端三角（白场三角），向左调整，整个图片亮度会增强，拖动中间三角（灰场三角），向左调整，会增加中间调的亮度，同时观察图片颜色变化，调整适当后松开鼠标，如图5-42所示。

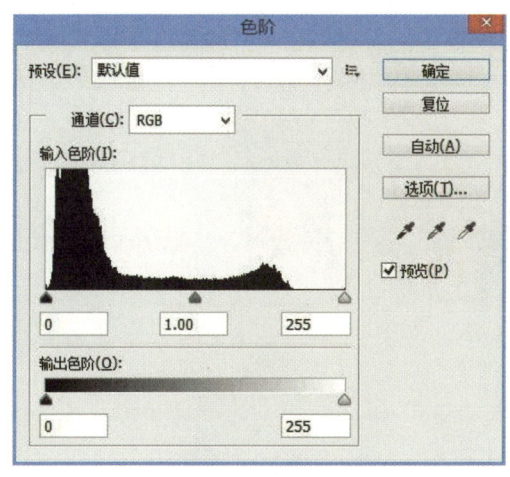

图5-41　白场三角调整

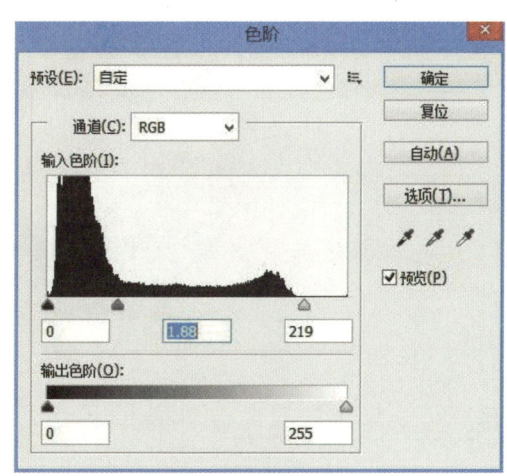

图5-42　灰场三角调整

步骤4：最终调整好的图片效果，如图5-43所示。

图 5-43　最终效果图

3. 偏色图片调整

在拍摄时受光线色温、环境色干扰等影响，经常会拍摄出一些偏色的照片。如果卖家收到产品颜色与看到的图片颜色不一样，会影响买家的购物体验，从而会增加客服的售后工作量甚至收到中差评。因此，在拍摄产品照片后，对有色差的图片一定要进行调色处理。

如图 5-44 所示，原图的背景色明显偏蓝色，接下来我们利用色阶工具和直方图将其调整为正确的颜色。

图 5-44　原图

步骤1：选择"窗口"→"直方图"命令，如图 5-45 所示。

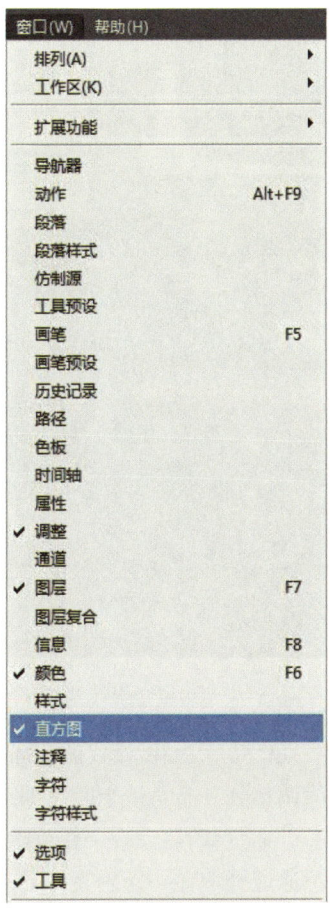

图 5-45　选择直方图命令

步骤 2：在直方图面板的右上角，单击小三角标志，在弹出的下拉菜单中，选择"全部通道视图"，如图 5-46 所示。

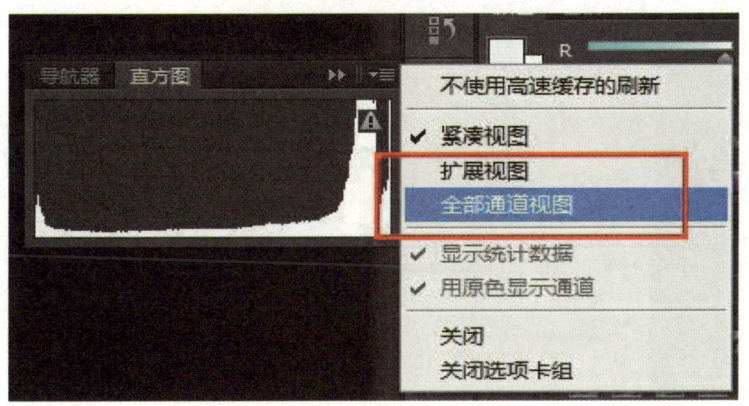

图 5-46　全部通道视图

步骤 3：在直方图面板的右上角，单击小三角标志，在弹出的下拉菜单中，选择"用原色显示通道"，如图 5-47 所示。

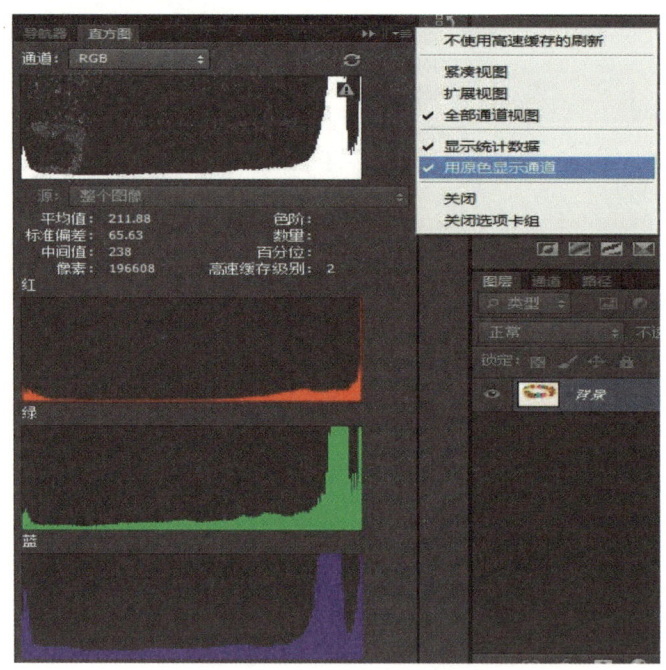

图 5-47 用原色显示通道

步骤 4：在调色方面，网络图片一般都是 RGB 模式的，通过直方图可以很直观地看到每个通道的色阶分布情况，当三色通道峰值调整到一条直线上时，即可校正色差。

步骤 5：选择"图像"→"调整"→"色阶"命令，在色阶面板上选择对应颜色通道，调整白色三角，向左或向右移动，直到三色通道峰值在一条垂直线上。如图 5-48 所示。

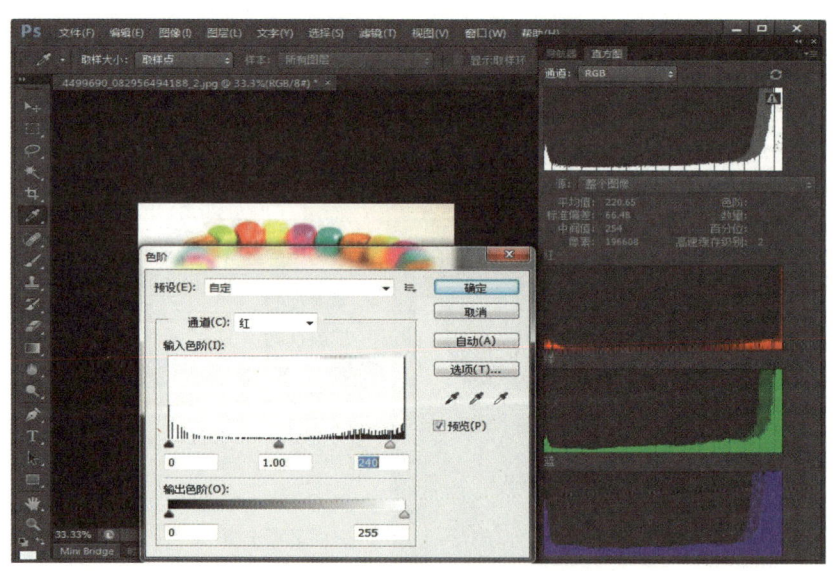

图 5-48 调整色阶命令

步骤 6：调整前后效果对比如图 5-49 所示，从颜色和亮度来看，调整后的图片已得到非常好的还原。

图 5-49　调整前后效果对比

4. 让图片更出色（色相/饱和度）

拍摄时因为光线或其他原因，有时拍出来的照片颜色较暗、不够鲜亮，与实物颜色有一定的差别，这时我们可以使用"色相/饱和度"工具来调整颜色的浓淡。

图 5-50　原始图片

操作步骤如下：

步骤 1：选择"图像"→"调整"→"色相/饱和度"命令，打开"色相/饱和度"对话框。

步骤 2：如图 5-51 所示，拖动调整饱和度的滑块，向右移动，增加图片的饱和度，同时观察图片的颜色变化，与实际颜色相同后停止。观察图片，发现荷花的颜色还需要单独调整。按住 Ctrl+U 键，再次打开"色相/饱和度"调整对话框。点击对话框里的小吸管，在荷花上取色。然后把下面的色条上的两个滑块都向中间滑动。最后，拉动色相调整滑块，调整荷花的色相。

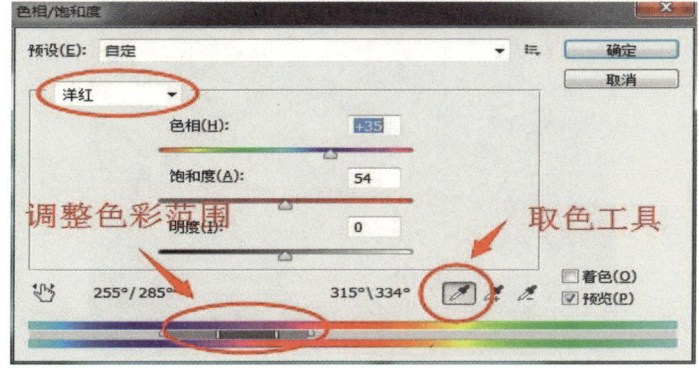

图 5-51　调整色相

步骤3：单击"确定"，完成饱和度的调整，调整后效果如图5-52所示。

图 5-52　调整后效果

备注：色相的改变会改变图片原有的颜色，在颜色真实的情况下，不建议调整色相值。

5. 锐化工具

"USM 锐化"是通过增加图像边缘的对比度使图像看起来更加锐利清晰，对于临近像素，较亮的像素将变得更亮，而较暗的像素会变得更暗。此外，我们可以指定每个像素相比较的区域半径，半径越大，边缘效果越明显。图5-53为泰迪熊大图，通过"USM 锐化"后可以使玩具细节更加锐利清晰，修正后如图5-54所示。

图 5-53　原图（图片来源于玩具旗舰店）

图 5-54　修复后效果（图片来源于玩具旗舰店）

具体操作步骤如下：

步骤 1：选择"滤镜"→"锐化"→"USM 锐化"命令。

步骤 2：调整锐化参数"数量""半径""阈值"。"数量"与图片尺寸有关，锐化时需要根据图片调整"数量"，没有固定的数值；"半径"与像素有关，首选 0.3、0.5，人物选 0.3、0.5，风景选 0.3、0.5，但不要大于 1，风景可以取值大一些；"阈值"越大，噪点越多，一般为 2，具体设置如图 5-55 所示。

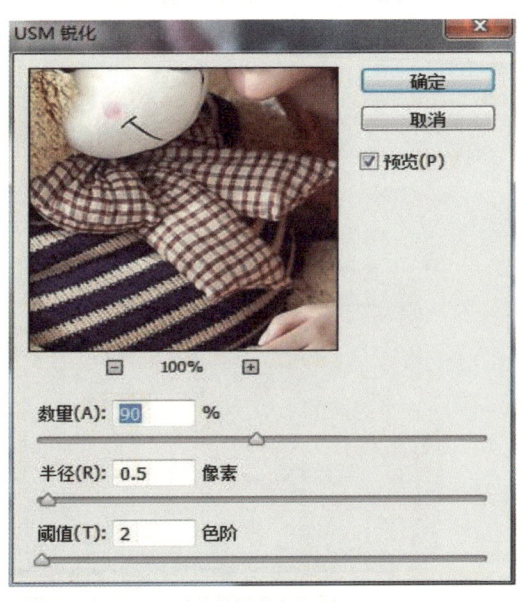

图 5-55　调整

步骤 3：目测图片合适后，单击"确定"按钮完成修改。

四、抠图

抠图就是将产品主体或图片中的一部分,在图片中进行选择后复制或剪切出来。接下来将对Photoshop中常用的抠图技术和白底图处理进行具体讲解。

1. 矩形、椭圆形、多边形选框工具

首先我们来了解选框工具,如图5-56所示。选框工具分为矩形选框工具、椭圆选框工具、单行选框工具和单列选框工具。在操作时,我们只需根据需求选择合适的选框工具,之后在需要编辑的图片中,鼠标单击选择需要剪切、复制的区域,按住鼠标左键,在画布中拖动即可完成一个矩形、椭圆、行或列选区的创建,从而完成对选区内的内容进行复制、剪切、填充等的操作。

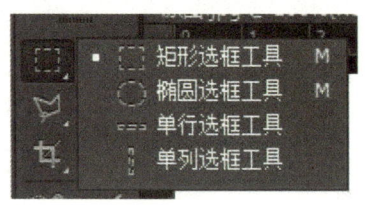

图 5-56　选框工具

2. 矩形和椭圆规则图形的抠图

矩形选框工具和椭圆选框工具的使用都非常简单,即根据产品外形特性,选择合适的工具,矩形选框工具及椭圆选框工具往往用于商品细节图制作中,复制商品大图,之后在新建图形中,粘贴即可完成。商品细节图常见的表现形式如图5-57所示。

图 5-57　商品细节图表现形式

3. 直边规则图形的抠图（多边形套索工具）

对于边界是直线的物体，如产品包装盒等，在抠图时可以用"多边形套索工具"进行方便的处理（图 5-58）。

如图 5-59 所示的是一个收纳箱，我们需要将商品从杂乱背景中抠出来，放在一个新建的白色背景文件中。操作步骤如下。

图 5-58　多边形套索工具

图 5-59　原始大图（图片来源于淘宝）

步骤 1：在"套索"工具中单击选择"多边形套索工具"。

步骤 2：考虑到图片太小，可以将图片放大，按住 Alt 键不放，将鼠标"滚轮"向前滚动，图片会放大显示，这样做的好处在于在创建选区时会更准确。用"多边形套索工具"沿着收纳箱的边沿按顺时针或逆时针，不断单击创建选区。这里需要注意，完成选区的标准是出现重合的图标，具体操作如图 5-60 ~ 图 5-63 所示。

图 5-60　打开图片

图 5-61　原始大图

图 5-62　开始套索

图 5-63　套索完成

步骤 3：选区创建完成后如图 5-63 所示，这时选择"编辑"→"拷贝"命令或按快捷键 Ctrl+C。

步骤 4：选择"文件"→"新建"命令，创建白色背景画布，如图 5-64 所示。

图 5-64　新建画布

步骤5：选择"编辑"→"粘贴"命令或按快捷键Ctrl+V，完成后保存即可，如图5-65所示。

图 5-65　抠图完成

五、促销广告图的制作

促销广告图最终是为销售而服务，为了让广告图片更具有吸引力，使点击转化率更高，在动手设计前，一定要针对用户群体进行分析、沟通策划，然后才是设计表达。

不管是线下的传统营销还是网络销售过程，都需要漂亮又能吸引买家眼球的广告，而在网络店铺运营中，如果有促销活动或节日活动等，都要制作精美的广告促销图片，来吸引买家的眼球。

有些促销广告图片看起来很漂亮，但点击转化率并不高，因为促销广告图的设计不只是一次简单的制作，还需要有正确的设计思路。

1. 目标人群分析、产品分析和目标定位

（1）目标人群分析。

要分析广告投放区域的访问人群，不同年龄及消费能力的人对色彩风格的喜好或能引起注意的点是不同的；要分析广告产品的目标人群，了解他们的审美观及消费心理。我们可以在相关的数据分析工具如量子统计、数据魔方，特别是淘宝指数（http://shu.taobao.com）中输入相应的关键词，来分析购买人群的年龄段、消费能力、兴趣爱好等信息，从而为设计提供数据参考。

（2）产品分析。

分析产品的价值点，大多数情况下，一张广告图上都会有产品图片，产品图片应该以何种角度或风格呈现，如何分析产品的价值点、引起买家关注的点？是分析产品的颜色、款式、材料还是性能？再用图片将结论呈现出来。

（3）广告目标分析。

在设计广告图时，要确定广告的目标，究竟是促销广告还是品牌形象广告。因为促销广告的目标是以降价打折、包邮等手段来刺激买家购买；活动广告一般是提前执行，将给买家带来的诱惑表达出来，让买家关注或收藏；品牌形象广告则是要告诉买家"你是谁""有什么独特之处"，让买家了解和加深品牌印象。

2. 沟通策划

（1）主题内容。

在广告图片里会出现，如人物模特、折扣信息、产品图片、广告语、活动时间、活动理由、品牌 Logo、单击按钮等内容，应该将所需的内容进行梳理，用最简练的方式表达。

（2）文案讨论。

广告图尺寸是有限的，所以广告图中的文字内容不宜过多，与买家利益相关的信息应该以简短的文字表达，引起买家的兴趣和注意。

（3）素材准备。

设计的过程如同建造房子一样需要各种材料，如背景材料、标签、字体等，可以通过网络去搜索、收集，也可以借鉴其他网站的广告设计。充足优质的素材，可以为设计提供参考，同时也会提高设计的效率。

3. 设计实施

（1）环境尺寸。

只有确定了广告图片的尺寸，才可以开始设计和规划，网店的帮助说明里对尺寸大小有具体的要求，如通栏广告 950 px 宽、高度自定，右侧广告 750 px 宽、高度自定。广告图片的使用环境就是设计后的图片用在什么地方，设计后的图片应当和使用环境风格协调。

（2）背景和色调。

可以选择图片背景、渐变背景或简单纯色背景，因为背景占据了较大的面积，所以背景的色调基本上决定了广告图的色调。

（3）字体与排版。

字体有几千种但不是每一种都可以随便使用，每种字体都有不同的视觉效果，如有些字体看起来时尚、有的稳重、有的可爱，在设计时应根据不同的风格来选择合适的字体。在排版过程中文字的位置、行间距、字间距及文字大小的不同，也会使视觉效果产生很大的变化。

（4）按钮与标签。

按钮是提示买家的图标，而标签是为了将某些重点信息，以图案方式展现，使其更加醒目的方法。

（5）主题层次。

一般广告图片会有多个主题信息，安排好这些信息的侧重点和视觉顺序在广告图设计中很重要。

4. 广告图环境尺寸的设置

在制作设计广告图时，最好将广告图的周围予以截图保存，用 Photoshop 打开后，在这个图片上利用辅助线规划出编辑区来设计，如图 5-66 所示的是一个通栏的广告位，即通过截图保存好的图片。在熟练把握风格的情况下,也可以根据图片的尺寸大小来直接设置画布的大小。

图 5-66　规划编辑区(图片来源于淘宝店铺——戎美)

将保存的参考环境图用 Photoshop 打开,按快捷键 Ctrl+R 显示标尺或选择"视图"→"标尺"命令,如图 5-67 所示。然后单击放大镜工具,在要设计广告图片的左上角拉一个方框,框选位置的内容在松开鼠标后会在全编辑窗口中显示,如图 5-68 所示。这样可以方便精准地创建辅助线。

图 5-67　显示标尺

图 5-68　全编辑窗口显示

在横、竖方向的标尺刻度线上分别按住鼠标，向图片的边界上拖动，会创建出辅助线，并且辅助线与要编辑的广告图片边沿重合。双击工具箱中的放大镜工具，使图片按实际大小显示，然后在广告图片原位置的右下角，将图片放大显示，按住鼠标左键，从标尺刻度线到图片边沿拉出辅助线，如图 5-69、图 5-70 所示。

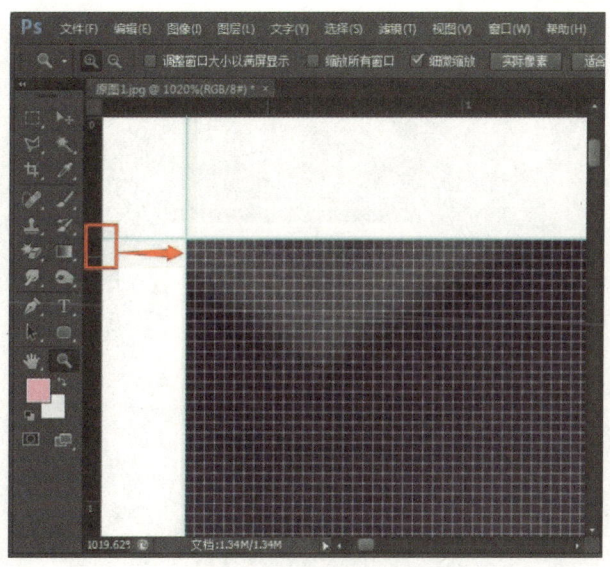

图 5-69　增加辅助线 1

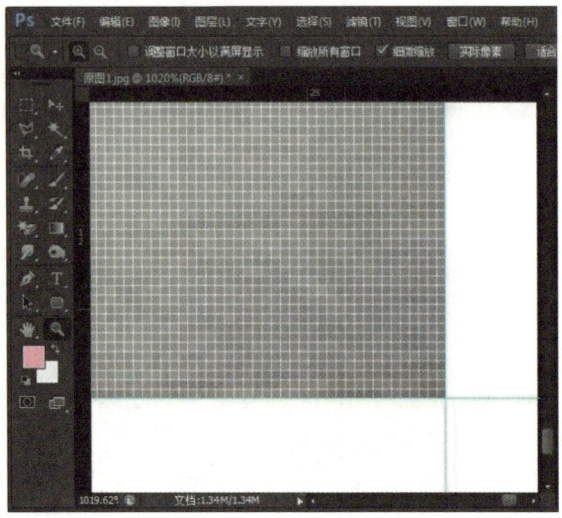

图 5-70　增加辅助线 2

最终沿着原来的图片区域使用辅助线，拉出一个矩形框即图片编辑区域，选择工具箱中的"标尺工具"，如图 5-71 所示。也可以按住 Ctrl 键，多次按 I 键切换到"标尺工具"，然后从一条辅助线拉到另一条辅助线，通过工具属性栏上的"W"和"H"查看宽和高的像素值，如图 5-72 所示。最后测量辅助线之间的距离，看是否符合设计的尺寸。

图 5-71　选择"标尺工具"

图 5-72　查看尺寸

5. 广告图背景的设置

新建一个 950 px×340 px 的白底画布，如图 5-73 所示。

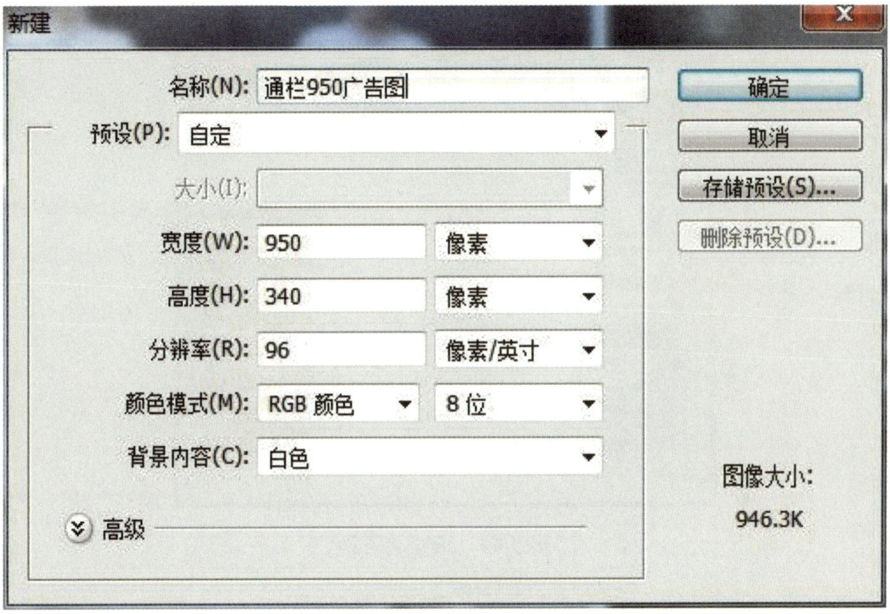

图 5-73　新建画布

（1）背景图片。

背景图片可以在各种素材网站查找，也可以通过百度的图片频道搜索"背景图片"，在搜索结果里筛选出合适的图片。在选择背景图片时，最好使用简洁的与产品或网页风格相近的图片。找到合适图片后，在新建画布上选择"编辑"→"粘贴"命令或按快捷键 Ctrl+V 粘贴即可，可以使用移动工具将背景图片调整到最佳位置。

同时也可以使用自己产品的图片，如选取模特外拍图片、产品实拍图片等作为背景图片。

（2）渐变背景。

步骤 1：新建图层：选择"图层"→"新建"→"图层"命令或按快捷键 Shift+Ctrl+N，设置图层名称"渐变背景"，如图 5-74 所示。

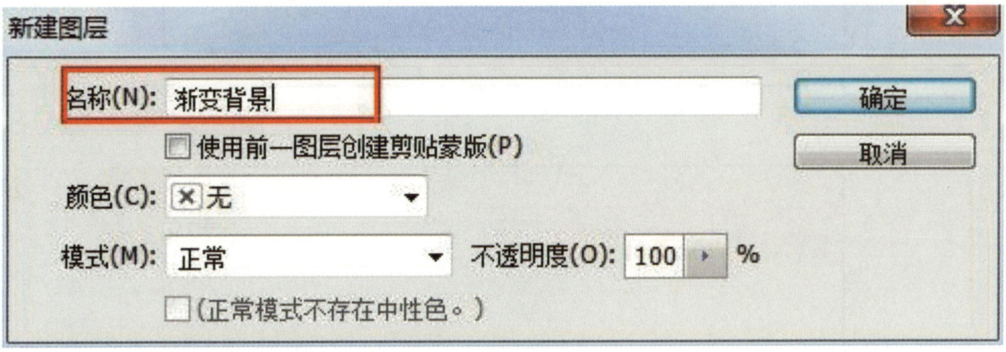

图 5-74　设置图层名称

步骤 2：单击 ▢ · ▢ 渐变工具，弹出渐变编辑器，当渐变条下方变为手形指针时，单击添加色标，双击色标可以设置颜色，如图 5-75 所示。

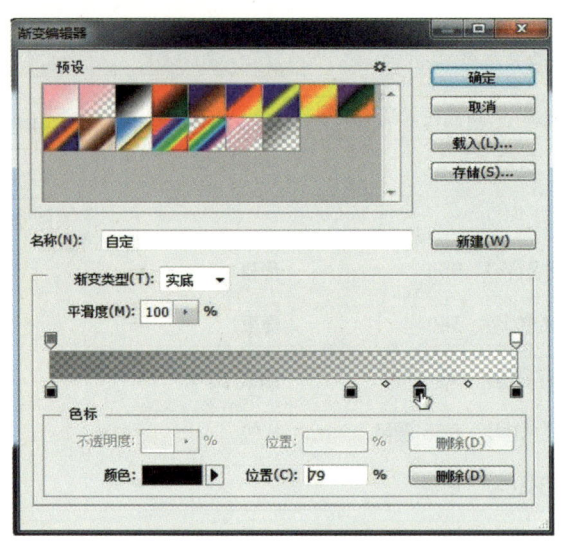

图 5-75　渐变编辑器

不同渐变方式、渐变效果，如图 5-76～图 5-80 所示。

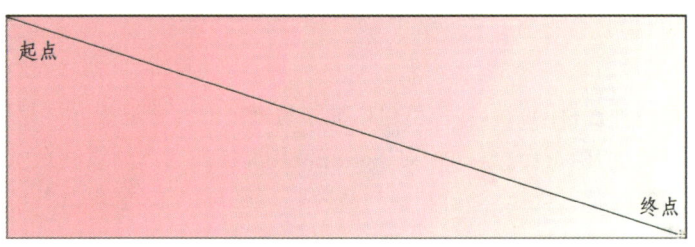

图 5-76　线性渐变

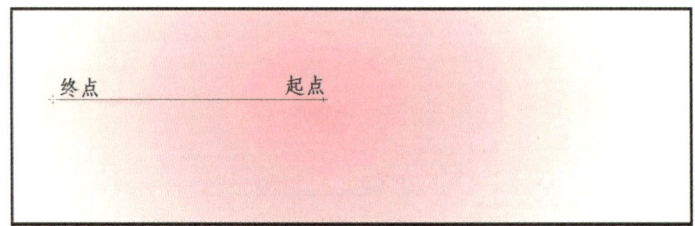

图 5-77　径向渐变

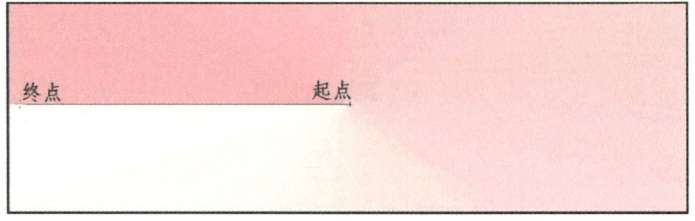

图 5-78　角度渐变

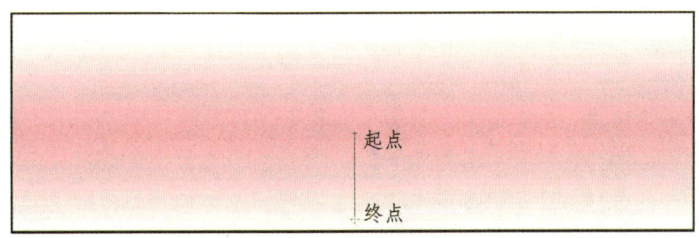

图 5-79 对称渐变

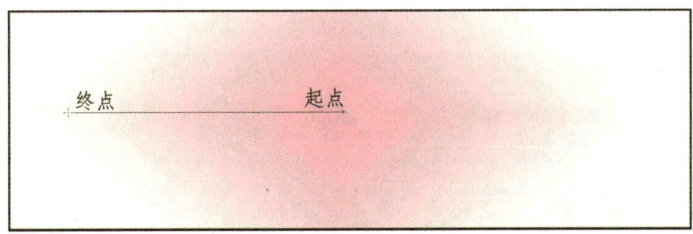

图 5-80 菱形渐变

（3）纯色背景。

步骤 1：新建图层"纯色背景"。

步骤 2：在工具箱的底部单击前景色，选择合适的颜色，单击"确定"按钮，如图 5-81 所示。

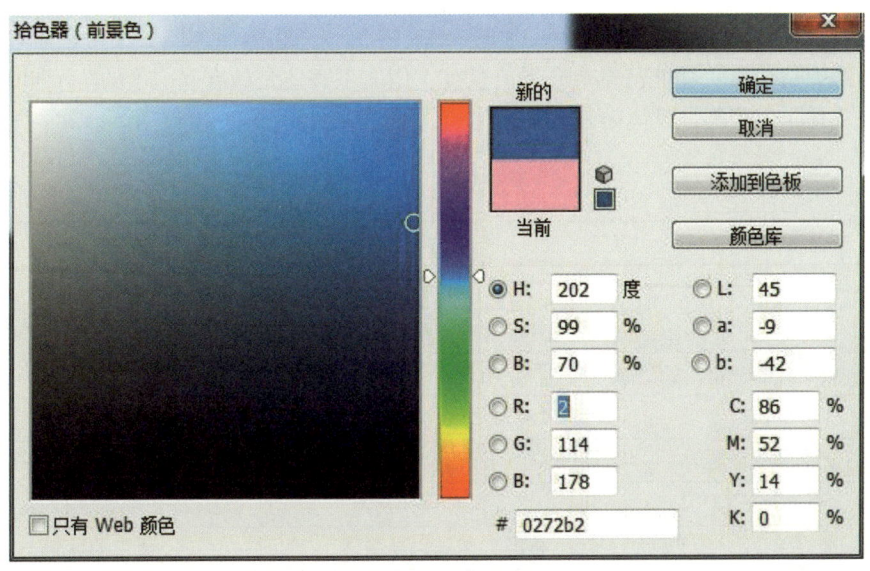

图 5-81 设置前景色

步骤 3：选择工具箱里的"油漆桶工具"，如图 5-82 所示。在"纯色背景"图层上单击填充，也可使用快捷键 Alt+Enter 快速填充前景色，填充后效果如图 5-83 所示。

图 5-82 油漆桶工具

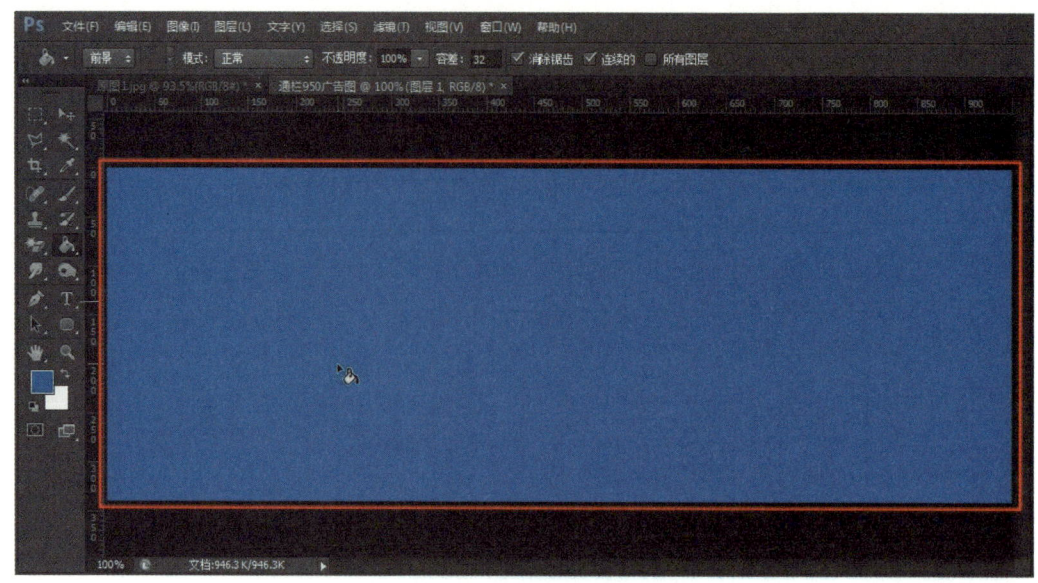

图 5-83　填充前景色

6. 字体与排版

（1）字体和风格。

文字作为语言的视觉化符号，没有图形的视觉效果直观，但有着比图形更为准确的信息表达。比如促销中的价格信息、功能信息、联系信息等，用文字表达是最准确明了的。不同的字体有着不同的风格及其应用范围，具体如表 5-2 所示。

表 5-2　常见字体、风格及其应用范围

字体名称	风格	应用范围
小标宋、中标宋、大标宋	正式、通用	时尚风格小标题、标题
大黑、中黑、粗黑	简介、大方、醒目、稳重	正式标准的标题
细圆、中圆	柔和、均匀、平稳、秀气	正文、说明文字
综艺体、美黑	活泼而严谨、艺术性强	通用型广告、标题
秀英体、嘟嘟体、娃娃体	活泼可爱	儿童母婴标题
宋体、最像素 EX2	适合网页设计使用	12 px 或小于 12 px 的正文
霹雳体	破裂、震撼、冲击力	醒目的促销文字

（2）字体的下载安装。

通过搜索引擎在网上查找到需要的字体，然后下载压缩，找到扩展名为.ttf 的文件复制到"C:\WINDOWS\Fonts"文件夹里，即可完成文字的安装。

（3）Photoshop 中文字的编辑。

图 5-84　"文字工具"属性栏

新建一个 500 px×500 px 的文件：单击文字工具，在空白的地方单击鼠标，输入文字"BJ博导前程信息技术有限公司"，按 Enter 键换行，输入"博采众长 导引前程"按 Enter 键换行，输入网址 www.bjbodao.com，文字输入完成后按快捷键 Ctrl+Enter 键结束，这时会自动创建一个以输入的文字命名的文字图层，如图 5-85 所示。

图 5-85　创建文字

选中文字内容或文字图层后，设置字体、文字大小、文字颜色及对齐方式，如图 5-86 所示。

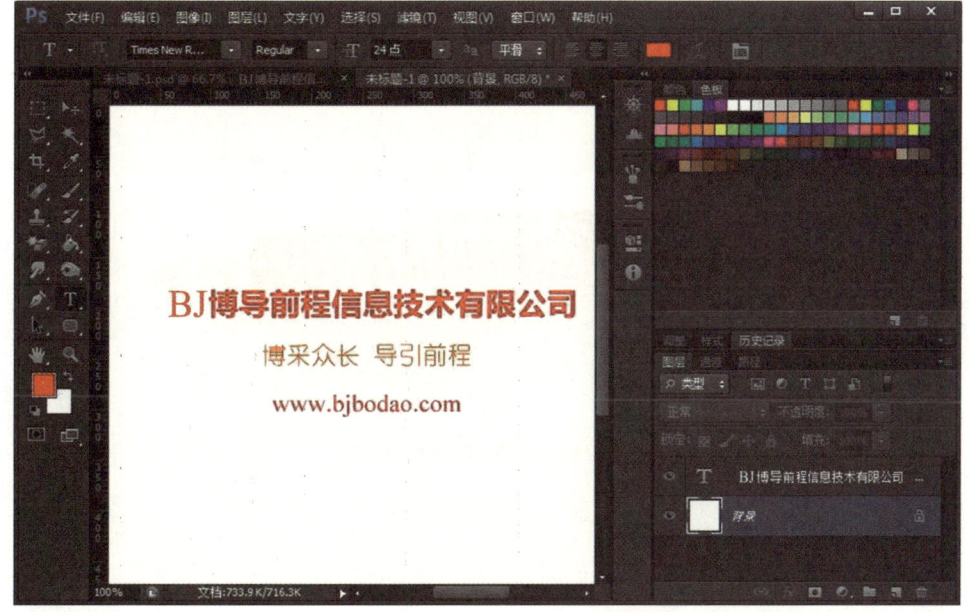

图 5-86　设置字体

快速复制文本图层：当文字输入完成后，单击"移动工具" ，选中要复制的文本图层，鼠标放在图层上，按住 Alt 键，这时鼠标指针变为 ，然后拖拉出一个新的图层，松开鼠标后再松开 Alt 键，即可快速复制出原图层的副本。

创建文字变形：选中要变形的文字，单击 按钮，弹出"变形字体"对话框，选择样式并进行弯曲、水平扭曲、垂直扭曲变换，完成对文字样式的修改。

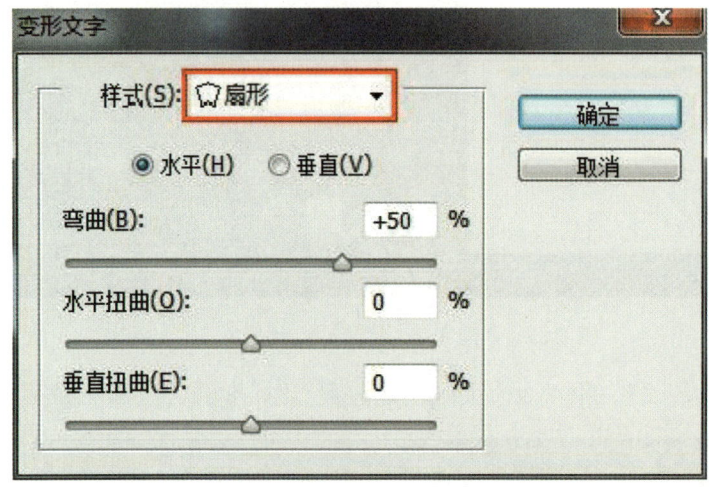

图 5-87　"变形文字"对话框及其样式

完成后效果如图 5-88 所示。

图 5-88　最终效果图

7. 标签按钮的制作

在一张广告图片中，为了使关键信息点更加醒目，可以合理地加上一个标签，如图 5-89 所示的是宝贝主图的促销图标签。在搜索列表页中的标签按钮，会相应地增加宝贝的点击率。

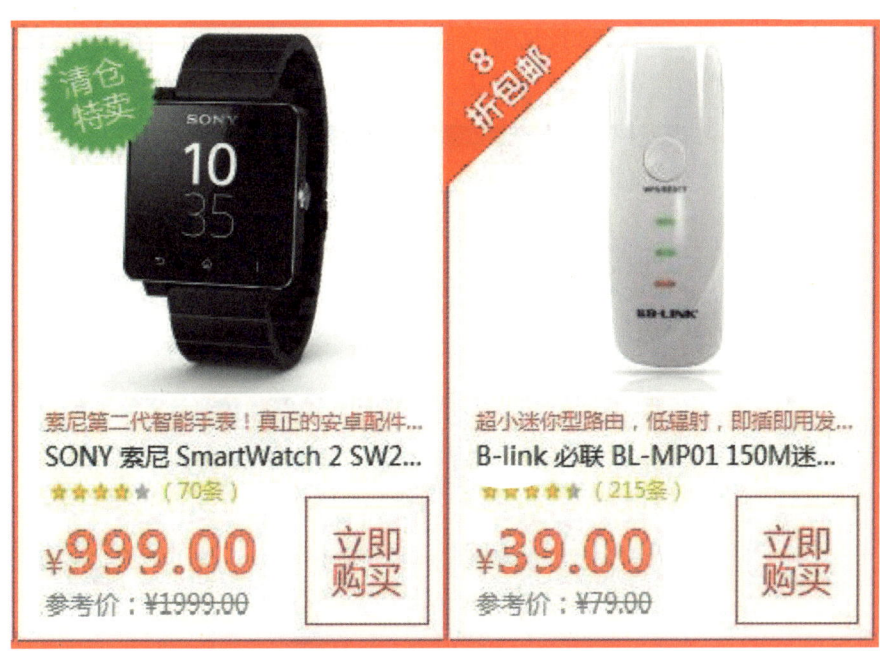

图 5-89　宝贝主图的促销图标签（图片来源于淘宝）

我们以图 5-89 的标签为例，讲解标签的制作过程。

步骤 1：打开一张宝贝主图。

步骤 2：如图 5-90 所示，设置前景色为红色，选择钢笔工具，属性为图形，之后用钢笔工具在图片左上角画一个三角形。

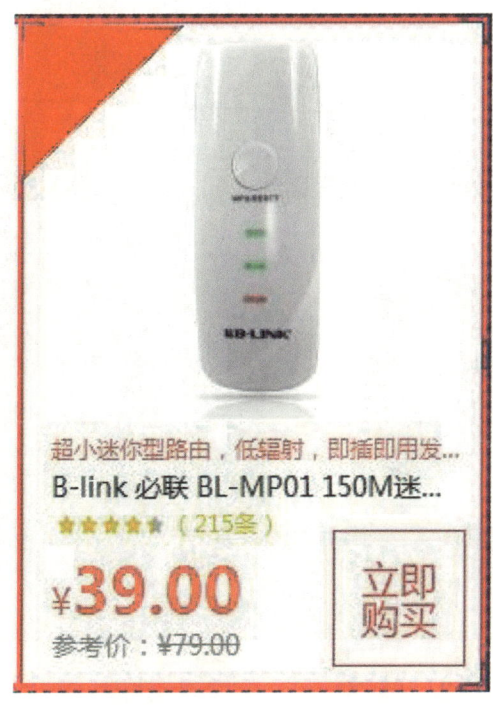

图 5-90　画三角形标签

步骤 3：选择文字工具，输入"8 折包邮"，白色、字体黑体，然后按快捷键 Ctrl+T 将文字旋转到与三角形的斜边角度一致，按 Enter 键确认，并调整文字与三角形位置对应，如图 5-91 所示。

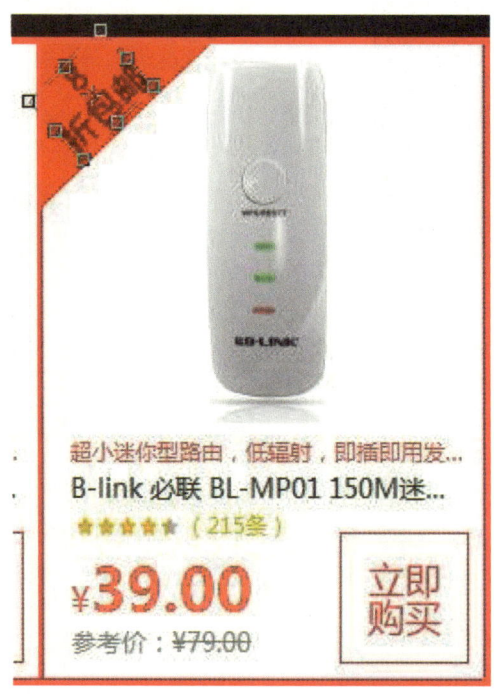

图 5-91　输入"8 折包邮"

图 5-92　自定义形状工具选择

除了使用钢笔工具建立形状图层的方法来设置标签外，还可以使用自定义形状工具来设置其他形状的标签。以图 5-92 所示的手表的白底图为例，选择自定义形状工具 ，操作步骤如图所示。选择封印图形，前景色设置为绿色，边框为 0，并在商品图左上角空白地方画出一个圆形的封印图形，如图 5-93 所示。完成后添加文字，如图 5-94 所示。

　　图 5-93　画封印圆形标签　　　　　　　　图 5-94　添加文字

　　使用自定义形状工具里合适的图形做标签是一种方便实用的方法，操作方法同上。

　　广告图里的一个按钮的图形，会有效引导用户点击，从而增加点击率。新建一个画布，设置前景色，选择"圆角矩形工具"，如图 5-95 所示。画出一个圆角矩形，设置的"半径"越大，圆角的弧度就越大，反之越小。

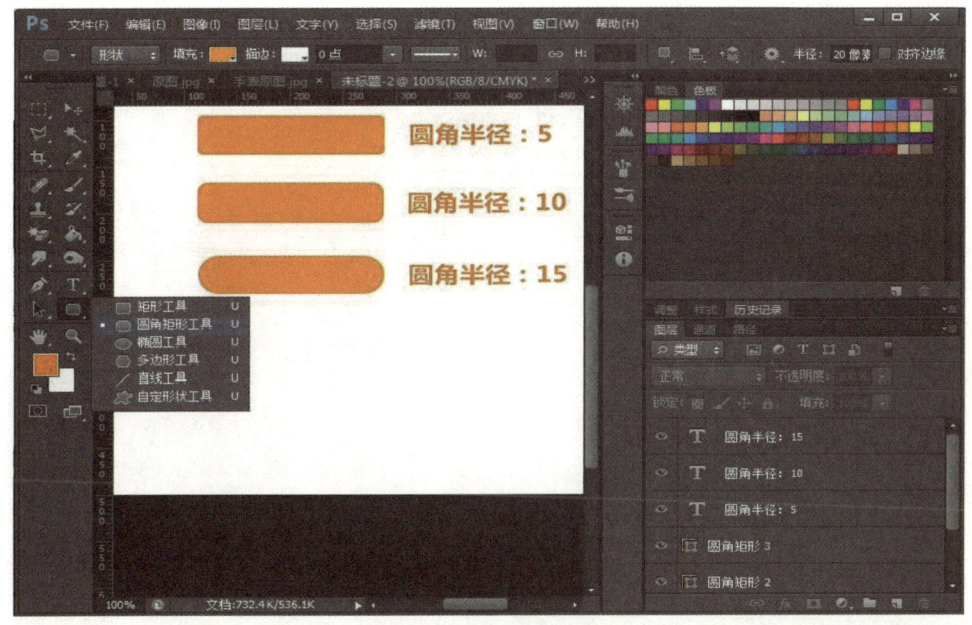

图 5-95　画圆角矩形

　　步骤 4：给按钮添加特殊效果。选择需要设置效果按钮的图层，添加图层样式，选择"斜面和浮雕"并设置相应的参数，同时观察按钮的变化，完成后，点击"确认"按钮，之后添加对应文字即可，最终效果如图 5-96 所示。

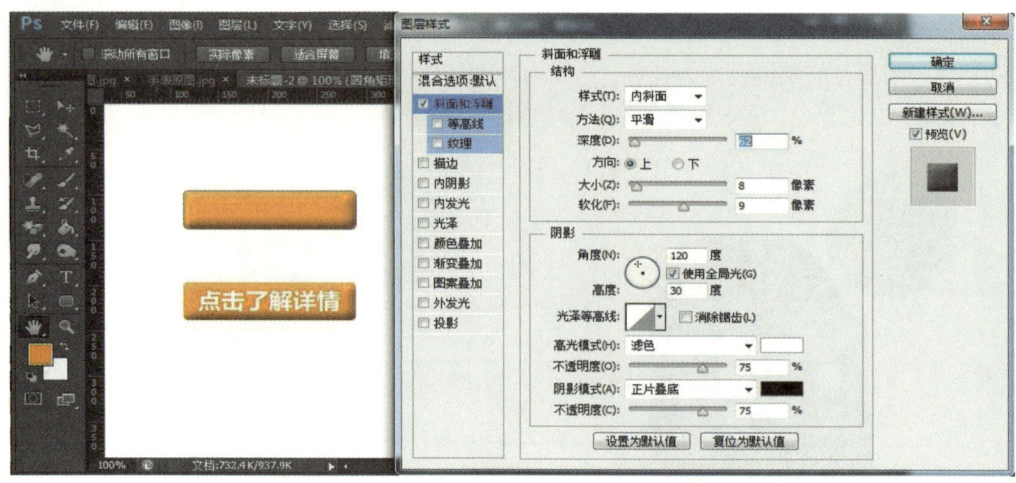

图 5-96 给按钮添加特殊效果

8. 促销广告图实例制作

上面对新建文件、背景图的设置、字体与排版以及标签按钮制作进行了学习，下面我们以一家电器店铺促销活动为例，制作一个完整的促销广告图片。

活动主题：家电看这里！

活动措施：全国包邮，送货上门准备商品图 3 张、

步骤 1：打开 Photoshop，新建一个 810 px×480 px 的文件，点击"图层"→"新建填充图层"→"渐变图层"，或在工具箱上单击"渐变工具"，并设置前景色为蓝色、背景色为白色，选择径向渐变方式，如图 5-97 所示。从起点拉到终点松开，设置好渐变背景。

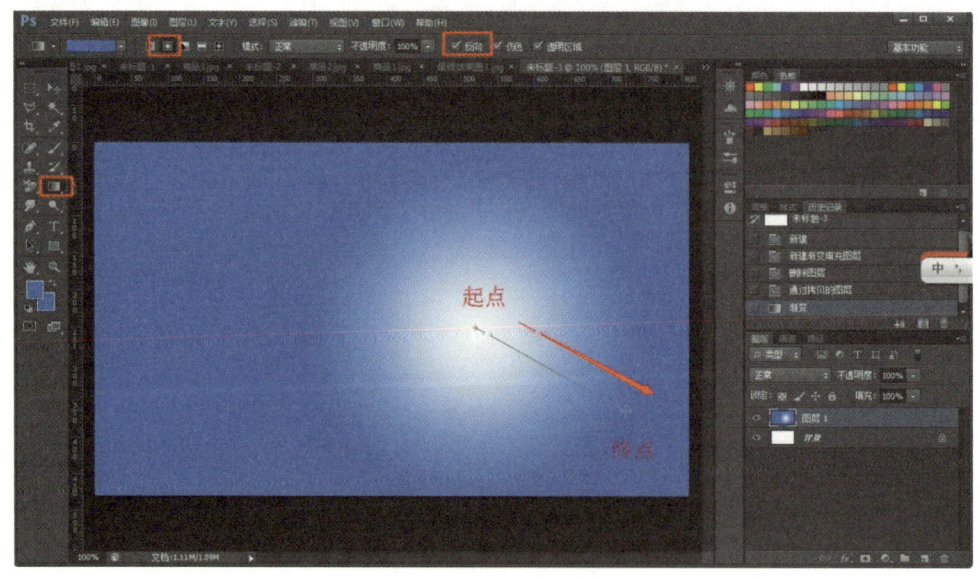

图 5-97 设置渐变背景

步骤 2：打开商品素材，将商品从背景中抠出来，可以使用魔术棒工具、套索或钢笔工具等，效果如图 5-98 所示。

- 108 -

图 5-98　商品抠图

步骤 3：将抠好的商品图片粘贴至背景图层上方，可选择"图层"→"修边"→"移去白色杂边"完成对商品边缘的优化，同时可以按快捷键 Ctrl+T 缩放图片到合适大小，若有方向不合适的图，可单击鼠标右键在弹出的菜单中选择"水平翻转"，按 Enter 键确认变形操作，效果如图 5-99 所示。

图 5-99　粘贴图片并调整

步骤4：在完成图片导入后，开始输入文字并设置行间距、颜色、大小、对齐方式等，同时根据情况通过"添加图层样式"为文字添加阴影效果等，如图5-100所示。

图5-100　添加文字效果

步骤5：在完成文字编辑后，添加标签按钮，用来引导用户点击，如图5-101所示。

图5-101　添加标签按钮

步骤 6：添加完成后，选择"文件"→"存储为 Web 和设备所用模式"，在如图 5-102 所示的保存窗口中，设置图片为 JPEG 格式、品质、文件尺寸大小为 810 px×480 px，单击"存储"选择存储路径、设置文件名，单击"保存"按钮，即可完成文件的保存，同时为了方便日后对促销图的更改，最好养成保存一份 PSD 文档的良好习惯。

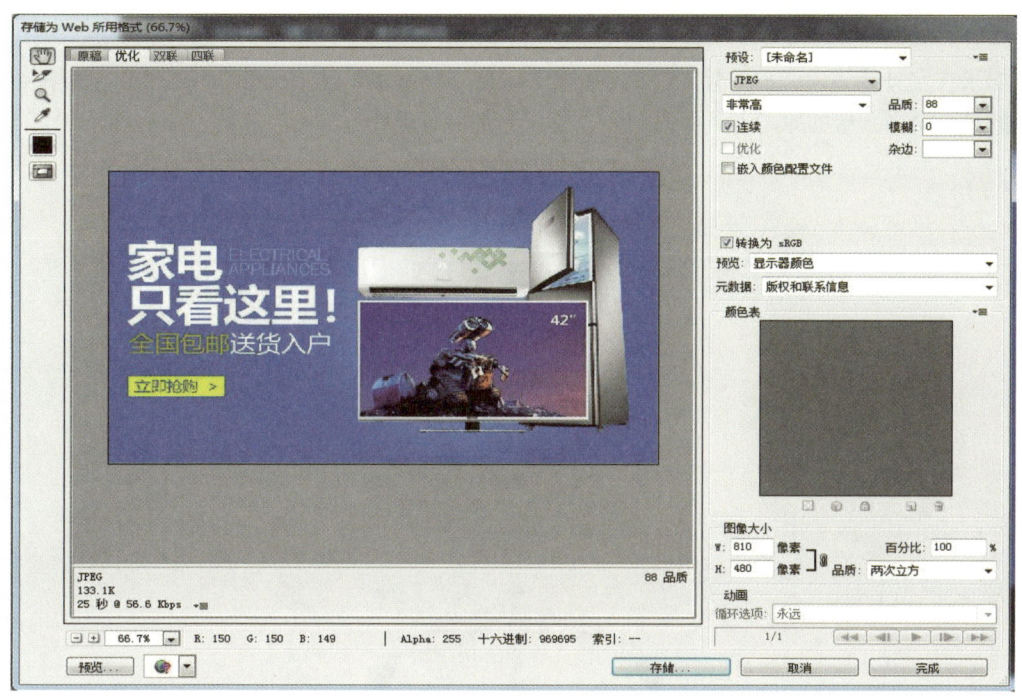

图 5-102　保存图片

步骤 7：最终效果如图 5-103 所示。

图 5-103　最终效果图

任务三 图片创意处理

一、原创手绘设计

如果在宝贝描述中,放一幅产品的素描手绘图,会给买家一种原创设计的感觉。如图 5-104 所示的是一个办公椅的原图,下面我们以办公椅为例讲解操作步骤。

图 5-104 办公椅原图

步骤 1:打开办公椅原图。

步骤 2:选择"图像"→"调整"→"去色"命令或按快捷键 Ctrl+Shift+U,如图 5-105 所示。

图 5-105 去色后图片

步骤3：按快捷键 Ctrl+J 复制创建"图层 1"，选择"图像"→"调整"→"反相"命令或按快捷键 Ctrl+I，反相显示，如图 5-106、图 5-107 所示。

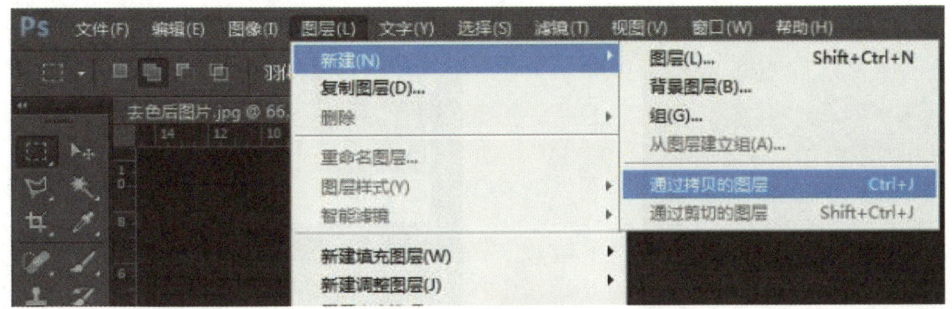

图 5-106　新建图层

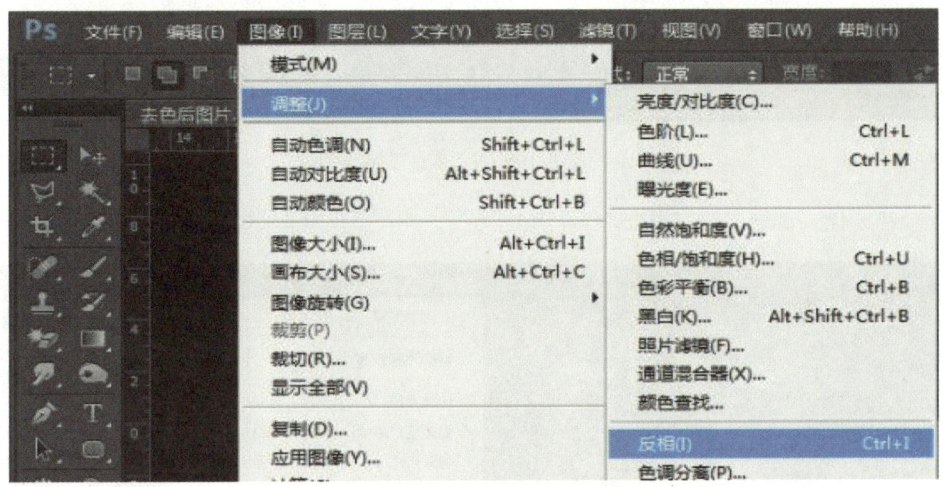

图 5-107　图像反相

步骤4：选中"图层 1"，将图层混合模式改为"颜色减淡"，这时图片画布全部为白色，如图 5-108 所示。

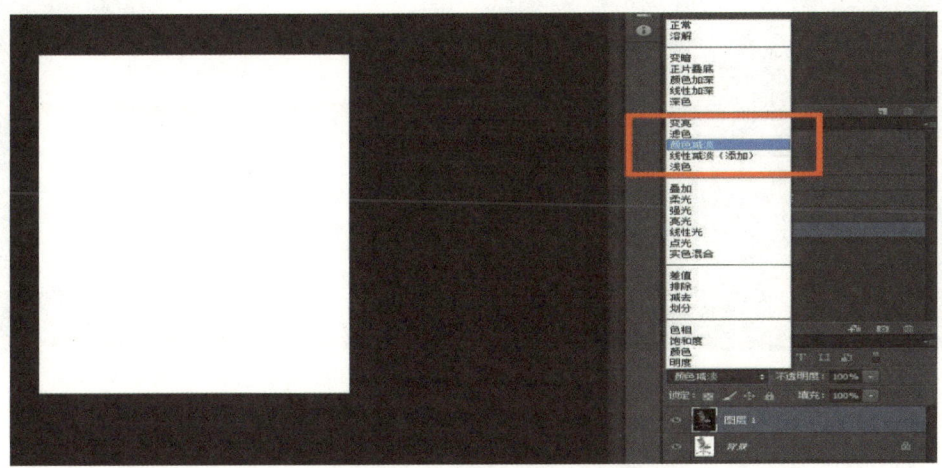

图 5-108　设置图层混合模式

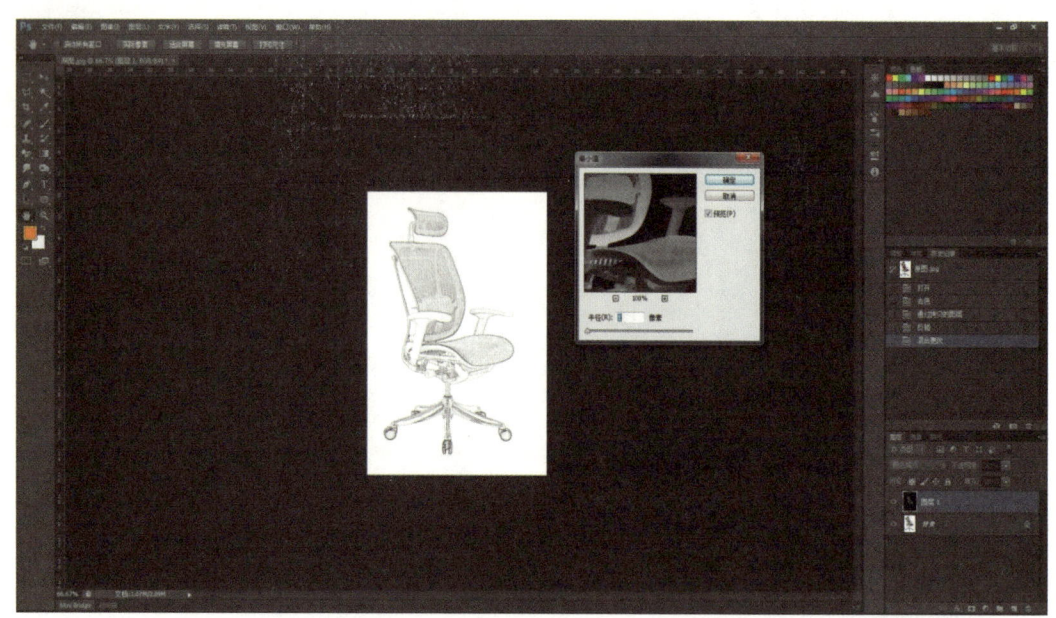

图 5-109 减淡后效果

步骤 5：选择"滤镜"→"其他"→"最小值"，如图 5-110 所示。

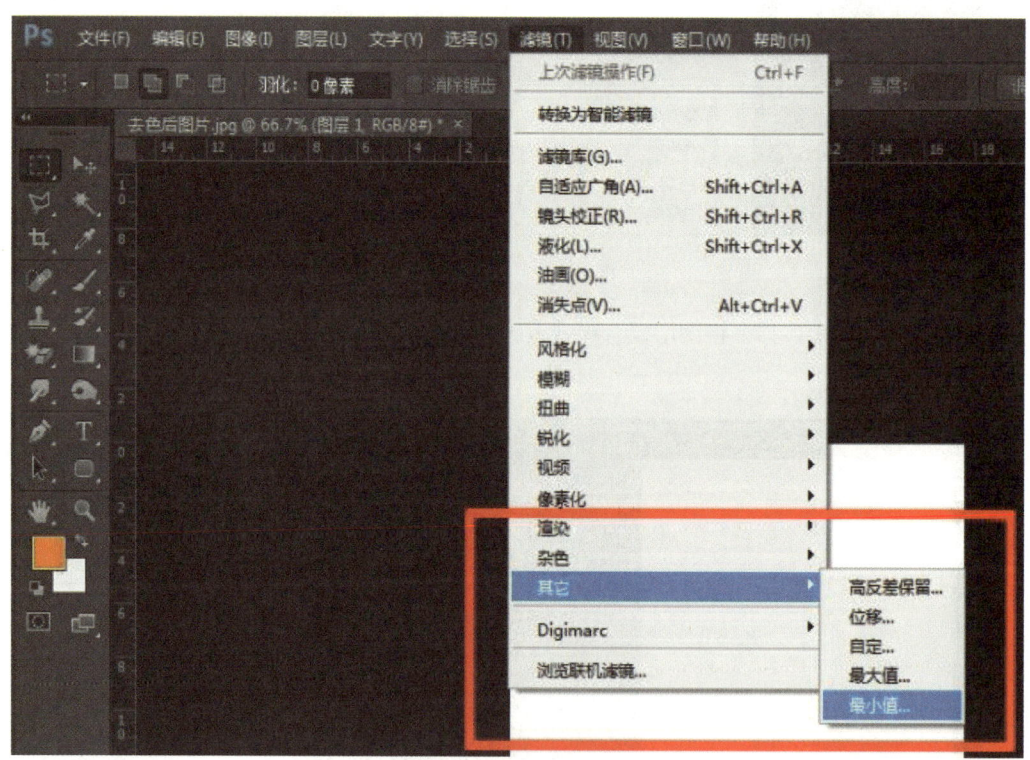

图 5-110 打开最小值

步骤 6：调整最小值，观察图片效果，效果合适后单击"确定"按钮，然后保存图片，如图 5-111 所示。设置半径为 1 px，最终效果如图 5-112 所示。

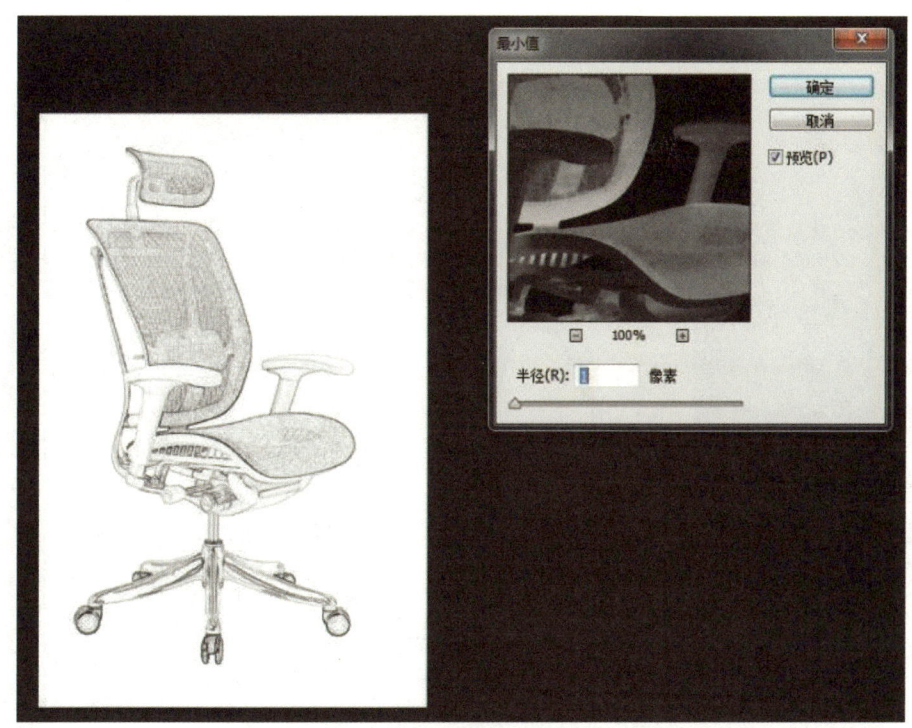

图 5-111　设置最小值

图 5-112　最终效果图

二、产品倒影效果

为了增强产品的立体效果,可为产品增加一个倒影效果。而不同形状的物体在制作倒影时的操作会有所不同,下面以女包为例讲解平面物体产品倒影的制作。

步骤1：打开一张图片，并新建图层，在新建的图层进行抠图处理，如图 5-113 所示。

图 5-113　新建图层

步骤2：对抠图完成的图层进行垂直翻转，如图 5-114 所示。

图 5-114　垂直翻转

步骤3：翻转完成的图层，如图 5-115 所示。

图 5-115 翻转图层

步骤 4：显示被隐藏图层，并将被翻转的图层移至合适的位置，如图 5-116 所示。

图 5-116 显示被隐藏图层

步骤5：选中"图层1"，单击"图层"面板下方的"添加图层蒙版"按钮，建立一个图层蒙版，如图5-117所示。

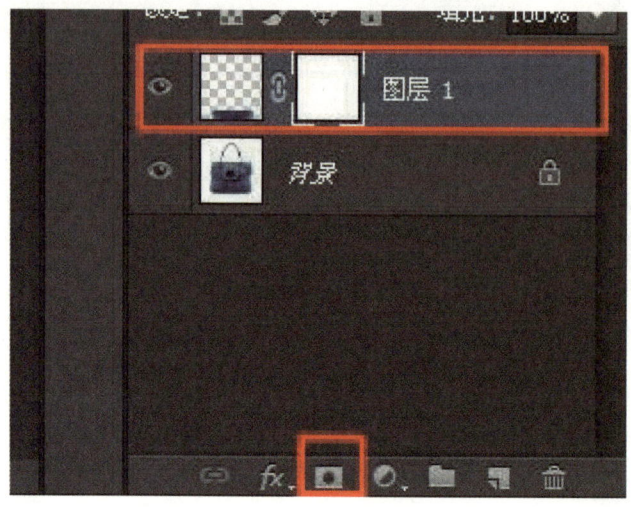

图5-117　建立图层蒙版

步骤6：点击"渐变工具"，设置渐变的颜色为黑白渐变并调至黑白对比，如图5-118所示。

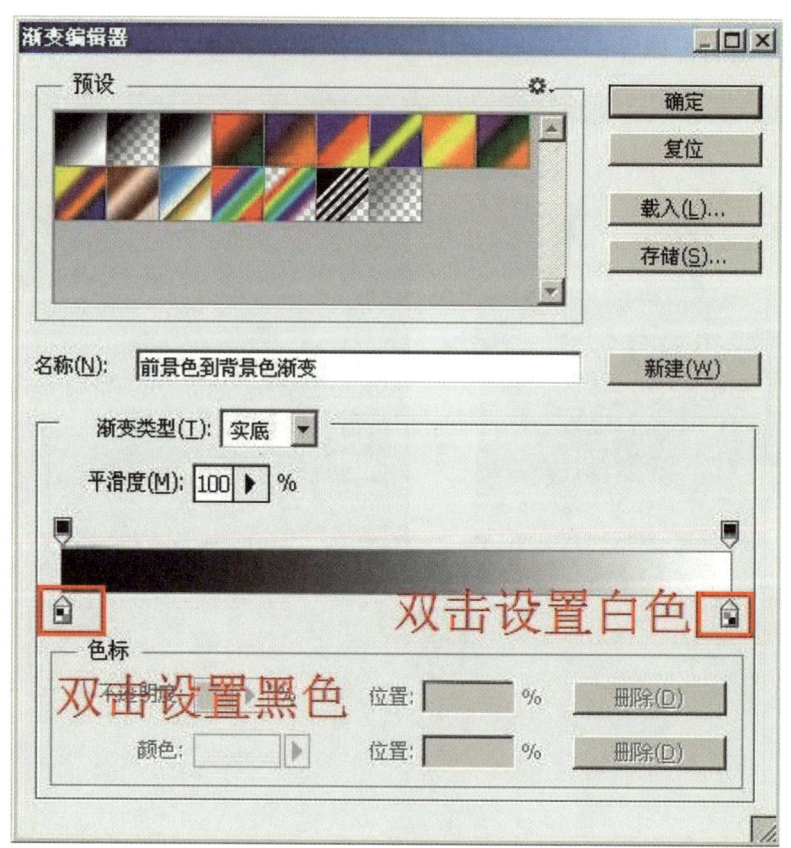

图5-118　调至黑白对比

步骤7：选择"线性渐变"，为了保持投影水平，需要按住 Shift 键拖动鼠标，进行渐变填充，倒影制作、原图以及最终效果如图 5-119~图 5-121 所示。

图 5-119 倒影制作

图 5-120 原图

图 5-121 最终效果图

三、GIF 动画

GIF 动画是一种图片式动画，如聊天软件中的动态表情、动态头像等都是 GIF 动态图片。
下面以制作一个 360° 自动旋转的包为例讲解如何制作 GIF 动画。
操作步骤如下：
步骤1：先拍摄 5 张顺时针旋转的 5 个角度的图片，并处理为 500 px×500 px 的白底图。
步骤2：打开 Photoshop CS6 软件，新建一个 500 px×500 px 的文件。
步骤3：选择"文件"→"打开"，选中 5 个图片单击"打开"按钮，如图 5-122 所示。

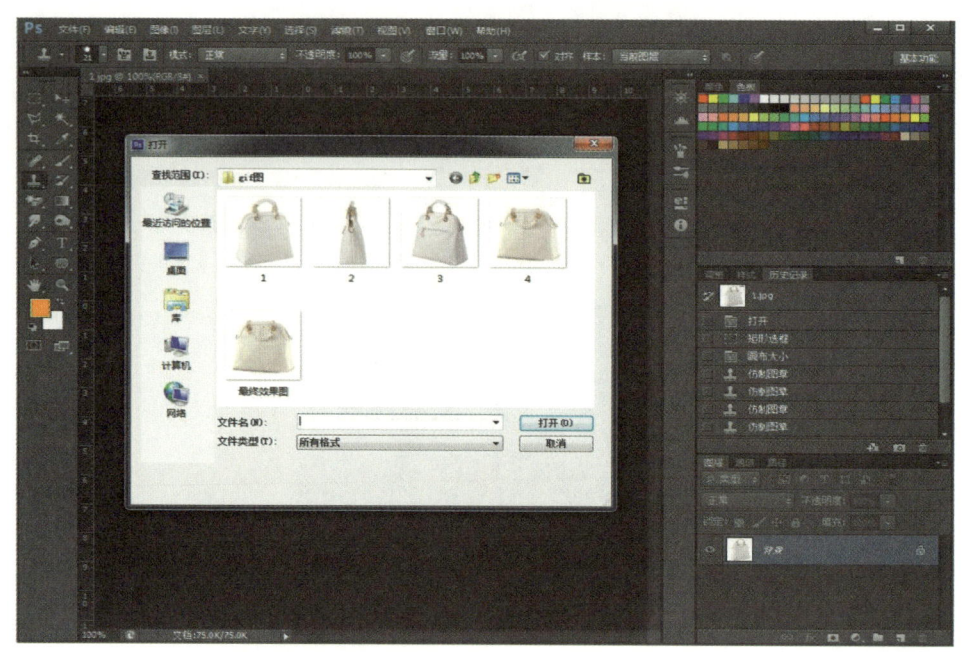

图 5-122　打开图片

步骤 4：选择"窗口"→"时间轴"命令，如图 5-123 所示。

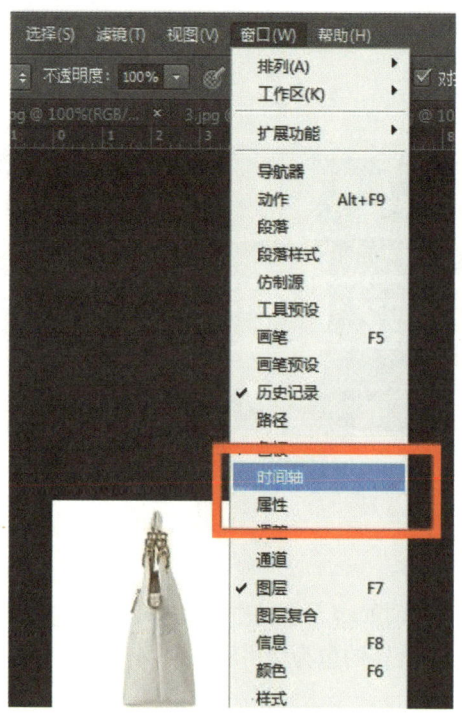

图 5-123　时间轴

步骤 5：切换到"360 动画"文件窗口，单击"图层"面板下方的"创建新图层"按钮，创建 4 个新图层，将打开的文档图全部粘贴至该文档中，如图 5-124 所示。

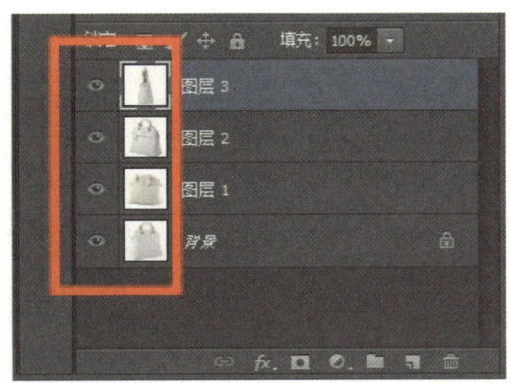

图 5-124　创建图层

步骤 6：完成创建图层后，单击"动画帧"面板下方的"复制所选帧"按钮，创建 4 个帧，如图 5-125 所示。

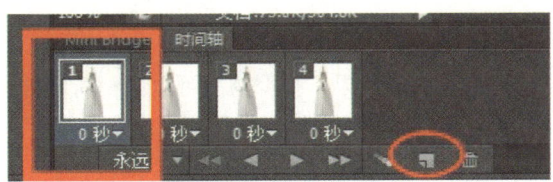

图 5-125　创建帧

步骤 7：单击选中第一帧，设置"图层"面板中需要显示的单一图层，"图层 1"显示，其他图层不显示。如图 5-126 所示。

图 5-126　设置第一帧显示图层

步骤 8：以此类推，添加其他帧图层，效果图如图 5-127 所示。

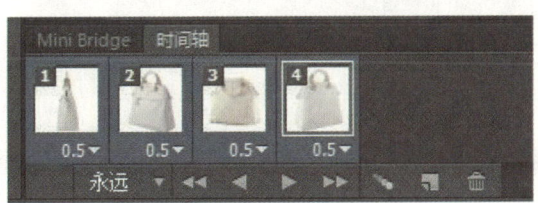

图 5-127　帧图层显示

步骤 9：帧图层设置完成后，单击选中第一帧，按住 Shift 选中最后一帧，单击任意一帧右下角的"0 秒"右侧的小三角，设置每帧停留时间为 0.5 秒，如图 5-128 所示。

- 121 -

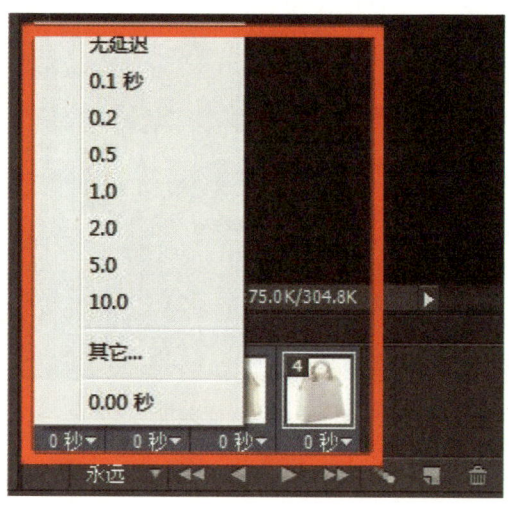

图 5-128 设置每帧停留时间

步骤 10：每帧停留时间设置完成后，可以通过帧面板上的缩略图观察每帧图片角度是否正确，然后单击"播放动画"按钮，查看播放效果，根据情况可以调整每帧停留时间。之后，单击帧编辑面板左下角"永远"右边小三角，根据情况设置动画播放次数。

步骤 11：当效果满意后，单击"停止动画"按钮，停止播放，然后保存动画，选择"文件"→ "存储为 Web 和设备所用格式"命令，如图 5-129 所示。

查看文件大小，图片不要超过 500K，图片越小，它在网页中被打开的速度会越快。

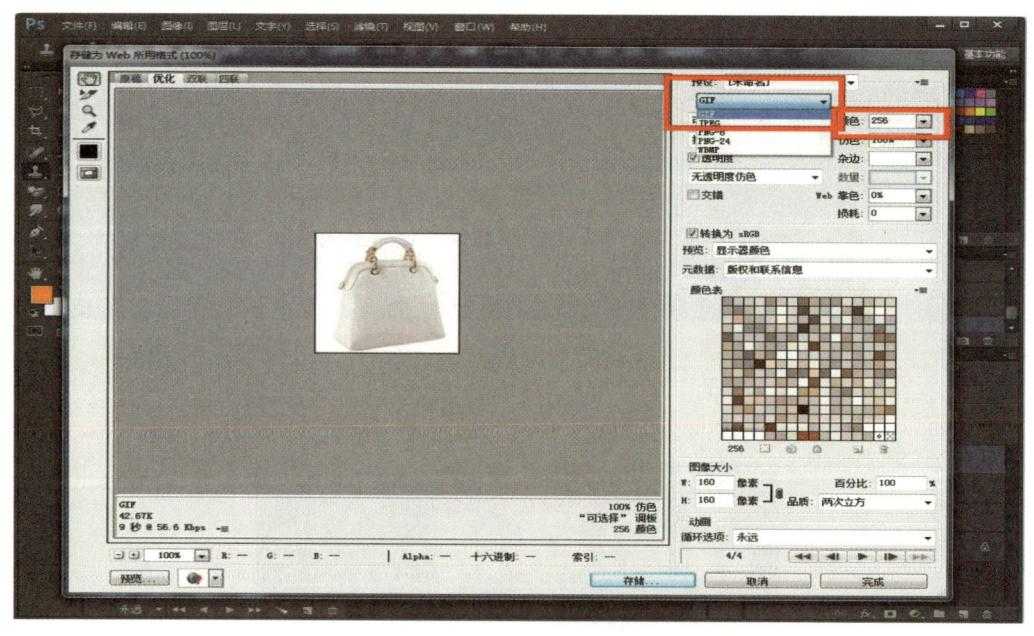

图 5-129 查看文件并保存

四、图像合成

如图 5-130 所示的白衬衫是在白色背景上拍出来的，为了增强产品效果，将衬衫与一个图案（如

图 5-131）合成为一张带有图案的 T 恤（如图 5-132）。在这个过程中，如果用抠图的办法将图案从白底上抠出来放到衬衫上合成会比较麻烦，而通过图层混合模式合成将会非常简单。

图 5-130　衬衫原图（图片来源于淘宝）　　　　图 5-131　衬衫 logo（图片来源于淘宝）

图 5-132　最终效果图

具体操作步骤如下：

步骤 1：打开衬衫和图像的图片，复制图标图片到衬衫图片上，按快捷键 Ctrl+T，将图标的大小变形到与衬衫的尺寸合适，如图 5-133 所示。

图 5-133 调整图标大小

步骤 2：选择图标的图层，设置图层混合模式为"正片叠底"，图标图片的白底就没有了，如图 5-134 所示。

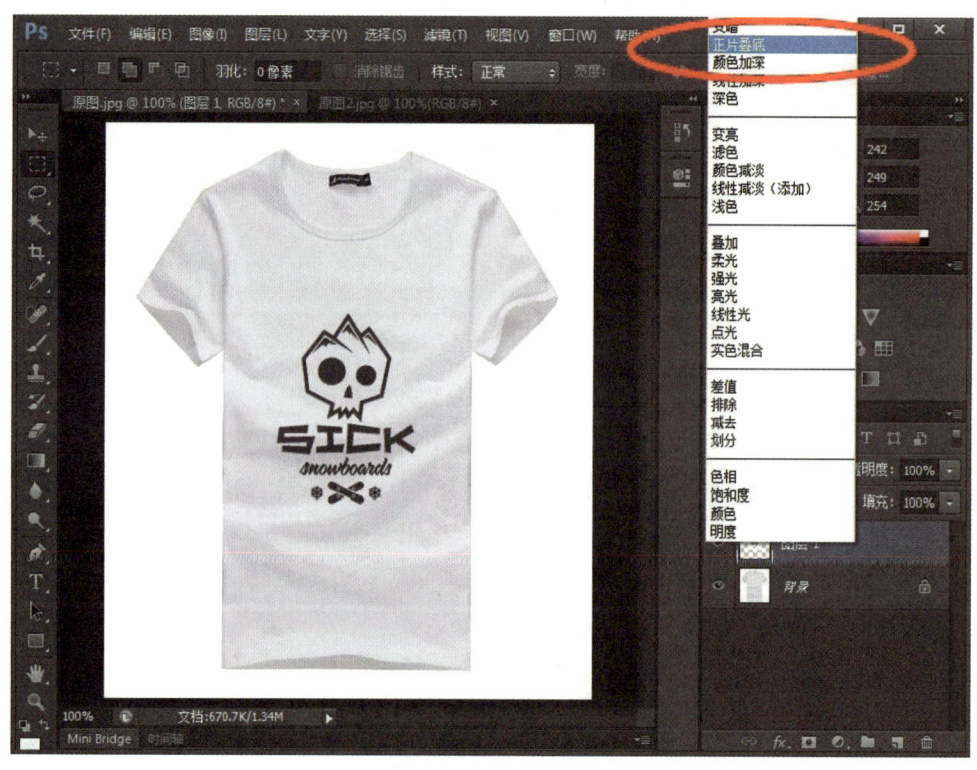

图 5-134 正片叠底

步骤 3：调整到合适的位置后，按 Enter 键确认变形。使用橡皮擦工具，擦掉图标上多余的地方，最后保存图片，最终效果如图 5-135 所示。

图 5-135　最终效果图

▶ 同步实训 ◀

一、任务描述

本实训为产品图片美化实训，要求学生围绕特定的主题实施产品图片美化与产品图片创意处理实践活动。通过产品图片的美化与处理，使学生掌握 Photoshop 图片美化技能，并处理图片创意，使图片展示效果更上一层，进而使学生掌握产品图片美化的相关方式和技巧。

二、任务实施

1. 了解图片美化软件

本实训任务要求学生对 Photoshop 有所了解，明确其界面布局、基础操作等。
步骤1：下载并安装 Photoshop CS6。
步骤2：打开 Photoshop，了解 Photoshop 布局及常见工具使用方法。

2. 图片美化流程

本实训任务要求学生通过对 Photoshop 图片美化的学习，对图片美化技能有所掌握，了解美化中最主要的抠图和促销广告图的制作。

（1）抠图。

图片原图如图 5-136 所示。需要将商品从背景中抠出，做成白底图片，效果如图 5-137 所示。完成后提交作品给教师。

图 5-136　原图

图 5-137　最终效果图

（2）促销广告制作。

以一服装店铺促销活动为例，制作一个完整的促销广告图片作为店招（宽 950 px，高度不限）。

活动主题：大牌女装一年仅此一次！

活动措施：购物送券

素材准备：商品图、模特图

步骤 1：根据活动，明确活动主题，针对人群制订策划。

步骤 2：根据策划，明确店招尺寸后，设计并制定页面布局。

步骤 3：完成店招设计，效果图可参考图 5-138。

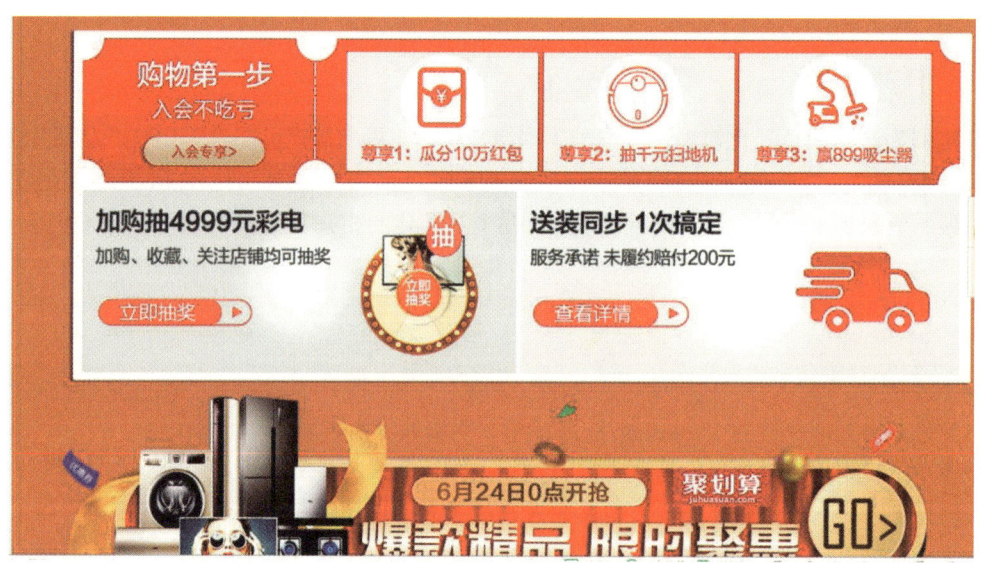
图 5-138　参考促销图（图片来源于优衣库天猫旗舰店）

步骤 4：完成后提交给教师。

3. 图片创意处理

本实训任务要求学生通过 Photoshop 完成商品倒影效果的制作（原图如图 5-139 所示，最终效果如图 5-140 所示），完成后提交作品至教师。

图 5-139　原图（图片来源于网络）　　　　　　　图 5-140　最终效果图

项目六　网店商品发布管理

【知识目标】

1. 了解商品属性的定义。
2. 了解商品发布的步骤。

【技能目标】

1. 商品属性的确定。
2. 商品发布流程。

任务一　确定商品属性

▶ 任务导入 ◀

1. 任务情境

完成了商品的拍摄与美化之后,接下来小王将确定商品属性。

2. 任务分析

(1) 认识商品属性。
(2) 商品的属性页面。

▶ 任务实施 ◀

小王在网上商城认识到商品属性主要指商品本身所固有的性质,如衣服的尺寸号、颜色、面料、品牌、款式、风格等一系列内容。商品属性在买家的搜索购买中至关重要。

一、认识商品属性

商品属性为商品的展示及筛选提供了多个维度,它在丰富商品内涵的同时,使商品信息的标准化成为可能,为买家提供了更好的购物体验。

(1) 商品属性是定义商品分类的核心。据互联网调研相关机构统计,80%的用户会直奔其想要了解的商品品类栏目,因此我们需要让客户在第一时间以最便捷的途径找到其想要看的商品品类。所以,对商品进行合理分类是非常关键的。通常,商品是通过属性进行区分的,例如:按照价格区间分类，如 50～100 元，100～200 元，200 元以上；按材质分类，如牛皮、PU（Poly Urethane，聚氨酯）皮革、革等；按用户群分类，如送长辈、送领导、送同事等。

（2）商品搜索的本质其实是搜索商品的属性。用户购物的目的性越强，使用搜索功能就越频繁。网站的商品越多，搜索功能也就越重要。现实中，商家可以通过扩大卖场来展示更多的商品；而购物网站却只能用显示器展示商品。搜索功能的完善是个技术问题，而核心基础是商品基本属性的规划部署，换言之，如果商品属性设置不全，随着网店商品越来越多，买家在多如沙砾的小图片中一页一页地翻看，不免眼花缭乱，难以做出购买决定。

二、商品的属性页面

小王发现，商品属性细分更加有利于买家购买，多选择一个商品属性，就更接近自己想要的，卖家的商品也能更快地被买家找到。

商品属性页面显示的基本上是商品的固有属性，小王需要对商品属性页面的设置进行完善。怎样完善商品属性呢？小王发现，不同购物商城的商品属性设置大致相同，可以从优秀的商城借鉴同类商品属性设置的要点。小王设置的商品属性页面如图 6-1 所示。

生产许可证编号：	产品标准号：	厂名：
厂址：	厂家联系方式：	配料表：
储藏方法：开盖后尽量冷藏	保质期：	食品添加剂：
包装方式：散装	重量(g)：370	蜂蜜种类：槐花蜜
产地：中国大陆	省份：四川省	城市：绵阳市
形状：液态蜜	采收季节：夏季	是否为有机食品：是

图 6-1　商品属性页面

商品属性页面的完善，对引导买家进行商品搜索有着至关重要的作用，特别是当用户的购物目的性较强时，商品基本属性的规划部署就显得尤为重要。

▶ 补充知识 ◀

一、常见的商品属性

商品属性是指商品本身所固有的性质，是商品在不同领域差异性（不同于其他商品的性质）的集合。也就是说，商品属性是商品性质的集合，是商品差异性的集合。

1. 基础属性

商品的基础属性包括商品名称、商品价格、价格区间、简单描述、SKU（Stock Keeping Unit，库存量单位）编码、重量、成本、meta（描述）信息、关键字、商品图片、类别分类、库存、生产厂家等。

2. 固有属性

商品的固有属性主要指一种商品的相对不变的属性，如商品编码、商品名称、生产厂家、商品条码、商品类别等。一般情况下，这些属性不发生变化。但特殊情况下也会有一些变化，如商品类别一般不变，不同的商场对同一种商品可能会有不同的小类划分；商品编码一般也不会变化，但可能会随着商场经营部门的变化而变化，这主要取决于商场现有的计算机系统的商品编码规则。

固有属性可以进一步分为经营属性和管理属性。经营属性主要指在日常商品流转过程中涉及的种种属性，如商品编码、名称、生产厂家、条码等，它们在正常的经营过程中必不可少。商品的管理属性指为满足在经营过程中的进一步要求而设置的属性，如商品保质期、保修期、某些商品的最高最低库存、商品的各种损耗率等。

二、商品属性的确定过程中应该注意的问题

1. 属性错放

为了方便管理目前全网数以千万计的商品，网站启用了很多管理模型，"属性错放"就是其中之一。"属性错放"，即检查卖家标题描述与属性中的描述是否相符，避免因失误错误而影响买家体验。

例如标题表述为"篮球鞋"而属性描述为"跑步鞋"，实际产品为篮球鞋。原则上，买家在搜索跑步鞋的时候有可能搜索到这个商品，明明搜索的"跑步鞋"为什么会有"篮球鞋"的图片出现？如果出现这种情况，就会让买家认为这个类目不规范，网站不专业，搜索不准确，从而影响买家的购物体验。

同样的，商品属性还有很多，如年份、技术、材料、性别等，这些相关信息的不准确同样会影响买家的购物体验。

2. 卖家对商品个别属性定义不清晰

卖家对商品个别属性定义不清晰，如"休闲鞋""板鞋"这样的概念。商品个别属性一般从产品应用场景方面定义，与商品自有属性不同，如标题含"匡威帆布鞋"而属性栏为"休闲鞋"。从产品功能看，帆布鞋确实可作为休闲鞋，但是这样就会使标题与属性不匹配。这种情况需要通过修改属性或标题来解决。

3. 部分商品具有延续性

例如一款鞋在 2009 年上市，随后于 2010 年以相同材料、外观、货号、价格等相同属性再次上市。卖家在属性上依旧选择 2009 年，而在标题描述中含有"2010 年新款"的字样。对于这样的新入货的商品不但要改名，还要改属性值，否则就会使买家产生困惑：到底是 2009 年还是 2010 年？会使买家对卖家产生不信任感。

4. 多个同类属性出现在标题中

多个同类属性出现在标题中，如"××跑步鞋 休闲鞋"等，这种情况与品牌堆砌类似。卖家们在标题描述中过多地描述同一属性，其实并没有让买家更清晰，反而让买家更混乱。所以，出现这种错误的卖家只需要将非属性对应的描述去掉即可。

▶ 同步实训 ◀

一、任务描述

本实训内容为确定商品属性,学生按照知识点及商品属性的确定步骤与注意事项,将教师指定的任意商品作为商品属性的确定对象,要求紧抓商品特性,完整、准确地确定商品属性。

二、任务实施

步骤1:明确目标商品属性。实训教师为学生提供目标商品(不同种类),学生在互联网中查找目标商品属性,并将商品进行归类。填写商品属性归类表,如表6-1所示。

表6-1 商品属性归类表

商品名称	商品属性

步骤2:教师评分。在学生完成实训之后,教师根据学生实训内容进行相应的点评与打分。

任务编号	6-1	任务名称	确定商品信息
任务完成方式		小组协作完成 个人独立完成	
评价点			分值
对商品属性的认知是否正确			40
商品的属性页面的设置是否全面			60
本主题学习单元成绩:			
自我评价	(20%)	小组评价 (20%)	教师评价 (60%)
存在的主要问题			

任务二 商品发布流程

▶ 任务导入 ◀

1. 任务情境

任务一已经对商品图片和商品属性进行了确定,接下来小王分别从商品关键词和商品描述页发布两方面来进行网店的商品发布。

2. 任务分析

（1）商品关键词发布。

（2）商品描述页发布。

▶ 任务实施 ◀

一、商品关键词发布

小王通过商城统计数据了解到，店铺营销中吸引顾客视觉的不仅仅是商品图片，还应该包括商品的文字介绍。商品的文字介绍最首要的就是商品标题，而商品标题中，合理而准确的关键字会起到关键作用。那么，怎样利用合理布局关键字来吸引客户呢？

小王认识到，商品文字为顾客传递了理性信息，商品图片为顾客传递了感性信息，顾客利用感性信息对商品进行初步定位，通过理性信息精准锁定商品，只有理性信息与感性信息相结合，才能使完整的商品信息展现在顾客的眼前。因此，做好商品描述的关键字布局成为重中之重。

小王在确定商品关键词过程中总结出商品描述关键词的布局方法，它可以分四个步骤来进行：找词、分词、分配词、组合词。

1. 找词

最简单的找词方法有三种：网站搜索下拉菜单、直通车关键词推荐、同行业店铺关键词。

网站搜索下拉菜单是店铺商品信息的数据统计，是与消费者搜索习惯数据相结合的站内搜索器。为了更加人性化地满足消费者的访问需求，网站搜索器通过对消费者搜索与消费习惯进行对比，筛选出最贴合消费者需求的搜索结果。所以，网站搜索下拉菜单就成为寻找商品关键词的首选途径，如图 6-2 所示。

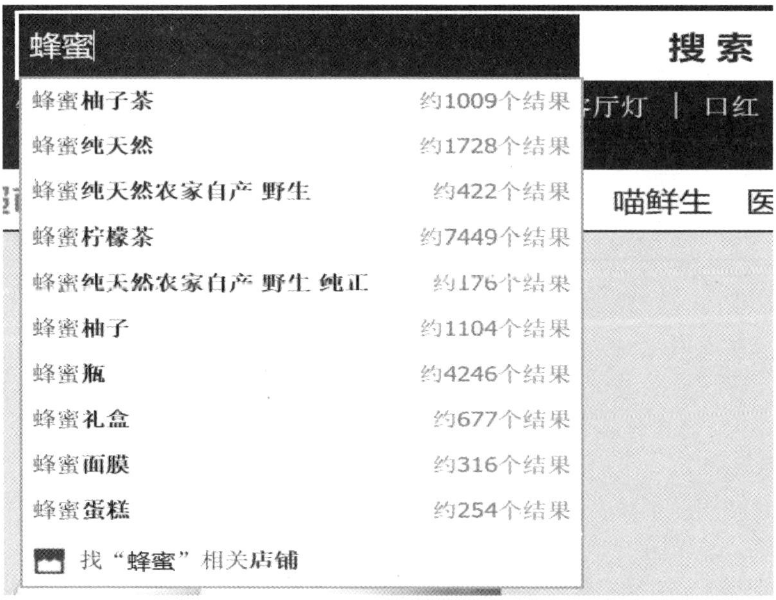

图 6-2　网站搜索下拉菜单搜索关键词（图片来源于天猫）

2. 分词

商品的名称应该作为一个偏正词组出现，中心词为商品名称及商品的基本信息，再加上一定的形容词或副词作为商品修饰语，阐明商品特征。所以通常情况下一个商品名称由两部分组成，即基本的商品名称和简单的商品描述。同样的商品可以使用不同的名称进行描述，如蜂蜜、百花蜜、土蜂蜜，而对于同一件商品而言不同的商品描述方式会产生不同的效果。

3. 分配词

在商品关键词确定后要对关键词进行分配，如果是同一店铺同一品类的不同商品，最好可以采用意思相同的不同关键词来扩大关键词的覆盖。仍以蜂蜜系列商品为例，蜂蜜专区有四川九寨沟蜂蜜、江西宜春山区蜂蜜、老巢蜂蜜、花粉蜜、椴树蜂蜜等。小王为了区别不同地区不同种类的蜂蜜，采用了分配词的方法将收集到的关键词进行合理分布。

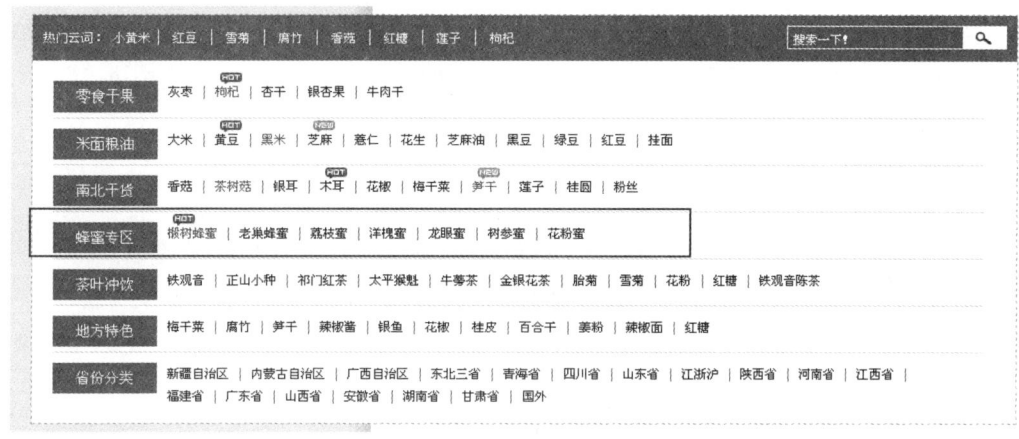

图 6-3　网站搜索关键词分布（图片来源于天猫）

电子商务运营追求的是利润，利润的最小单位就是流量的价值。在所有商品都受到先天因素（商品的基本属性）限制的时候，使用同一个词描述不同的商品所产生的流量价值是不一样的，给店铺带来的利润也具有差异性。这种情况下就需要对关键词进行分配。关键词的分配规则很简单，就是比较关键词的流量价值，可以将一个关键词分别带入四种商品描述中，通过对比得出流量价值，敲定流量价值最大的商品，然后将关键词最终定位到这个商品上。由于这样的测试工作需要花费很多时间，因此可以使用网站直通车服务进行。

打开"直通车"，将多组关键词分别带入多个商品描述中，利用"流量价值 = 客单价 × 转化率 × 毛利率"的计算方法，选择流量价值最大的关键词，利用直通车进行关键词测试的主要目的是测试所选关键词在直通车中的转化率，而直通车转化率也被公认为最近似于自然搜索转化率的方法。

4. 组合词

通过一段时间的观察和测试，可以找出某件商品比较优秀的关键词，剩下的就是组合这些关键词了。标题是产品的名称，其本身应该是一个名词，因此中心词一定要是个名词，其他的都是围绕这个中心词的修饰短语或者词组。根据小王的观察，比较好的格式为：偏正短语+后补短语。通过第三步分配词，基本上可以测试出哪些词与哪些商品匹配利润较高，然后按照介绍的组合方式手动设计商品标题。

在设计商品标题时，应选出商品搜索量最大的关键词，同时参考同行使用的其他常用关键词。一款商品最好能选取9~10个关键词，如花瓶、透明（样式）、玻璃（材质）、欧式、现代、时尚、古典、田园（风格）、家居摆件（用途）、丹麦原装进口（正品说明）、7折优惠（促销）。

可以使用不同热度关键词类组合每天发布商品的标题，最热的关键词要体现在每个商品标题中，例如可以组合成以下商品名称：

白色 透明 玻璃花瓶 欧式 现代时尚 原装进口；

白色 透明 玻璃花瓶 现代时尚 家居摆件 进口白色 透明 玻璃花瓶 田园造型 古典欧式 7折促销中。

通过这些步骤，可以很全面而又精准地把握哪些关键词符合买家的搜索习惯，但是在制定关键词的同时，还要注重产品名称的美观，让人们通过商品名称能搜索到产品，同时又能了解商品的品质、内涵。堆砌关键词很容易让人摸不着头脑，印象不深刻，也产生不了购买欲望。所以组合词是一把双刃剑，要注意把握好度。

二、商品描述页发布

关键词和图片等准备工作做好之后，小王就要开始下一步工作，即填写完整的商品信息，进行商品描述页发布。商品描述页发布具体有以下步骤。

1. 商品类别的选择

小王在众多的商品类别中找到要发布的商品的类别名，单击进入发布类别，打开商品详细内容编辑页面，在商品详细内容编辑页面对商品类型、使用的页面模板进行选择。

2. 商品参数信息的填写

在上一个任务中，小王已经确定了商品属性，在这里只需要把商品属性填写完整即可。商品属性将商品的各方面细分，各项参数均可在商品属性中添加。商品属性应尽量详细，它会显示到商品最终发布后的商品参数栏目中，详细的商品参数会使消费者产生高度的信任感，同类商品中，参数相对齐的商品更容易被消费者所接受。

商品参数信息填写完成后，小王开始编辑商品标题与描述等信息，参照商品参数信息，将确定好的关键词进行组合，设置30个字以内的商品标题，将商品的标题、价格、重量、数量等信息填写完成后，就可以进入商品详细描述了页面。

编辑商品的详细描述时需要注意，商品详细描述展示在商品购买页面中商品参数的下方，通常包含图片、文字说明、视频等，这里需要编辑人员与商品图片处理人员对需要添加的素材进行美化处理，再通过后台上传到商品描述中去。在进行文字信息描述时要注意，重要的文字信息可以使用字体放大、颜色变化等功能起到强调作用，引起消费者注意。

3. 商品图片的发布

商品图片可以由一张或多张图片组成，需要注意的是，如果商品图片较长，最好可以将图片分解为多个图片组合，以此来提高网页的加载速度，从而提高网页的用户体验。

商品描述中可以插入多张图片和文字，卖家可以将商品的详细描述输入进去，也可以添加相应图片，添加图片时可以直接将图片复制粘贴在文本框中，也可以单击文本框上方的图片插入工具插入图片。

4. 商品物流、售后及其他信息的确定

完成了大部分商品信息的确定，只需再设置物流、售后及其他信息，就可以完成商品描述页的整体信息配置。关于商品物流信息，可以提前设置物流运费模板。运费模板是针对交易成交后卖家需要频繁修改运费而推出的一种运费设置工具。通过运费模板，卖家可以解决不同地区的买家购买商品时的运费差异化问题，还可以解决同一买家在店内购买多件商品时的运费合并问题。通过运费模板，卖家可以发起买家在店内单次购买商品满××元免运费的优惠活动。接下来就是售后信息，店铺的售后说明一般是告知买家商品是否为正品以及商品的售后服务等内容。

经过对商品页面各个详细内容的设置，最终完成商品描述页的发布。小王发布的商品描述页的内容如图 6-4 所示。

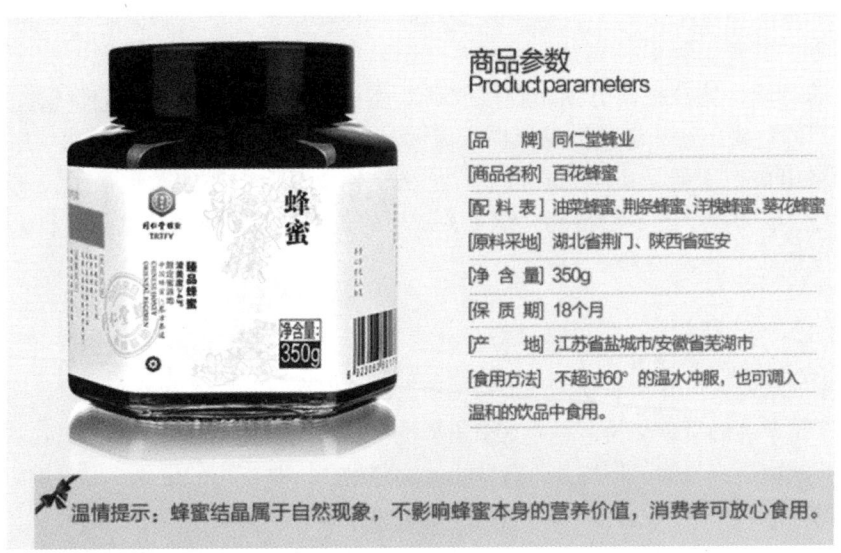

图 6-4　商品描述页发布内容（图片来源于天猫）

完成商品的发布之后，还应对发布的商品进行优化，最终目的是要让商品排名靠前，从而更容易引起消费者的注意，激发购买欲望。

▶ 补充知识 ◀

一、网店店家如何做好商品描述

不管是几十人、几百人团队的大卖家，还是夫妻档的小卖家，只要是做网店，都必定有以下几个信息来源：供应商信息、仓库信息、客服信息、竞争对手信息、网店信息等。假如由团队做商品描述，这个团队至少要沟通以下部门：采购、客服、策划、情报部门。即使是夫妻档的小卖家，也必须从以下方面获取信息并进行处理。

1. 如何让客户帮卖家做商品描述

大多数的网店卖家都有客服部门，但是对客服部门的管理深度如何，就是管理者的认知水平的问题了。客服可以为店铺接待客户，处理订单信息，他们在这个过程中会获取大量的用户需求信息。例如有经验和善于总结的客服人员就会发现，对于某个商品或者某个系列的商品，用户咨询的问题往往大同小异，有些客服主管会将这些问题整理成 FAQ（Frequently Asked Questions，常见问题解答）文档作为培训内容，能做到这一步的客服主管基本上算是合格的了。但更深入的问题在于，这些信息有没有被进一步加工和处理，进而指导编辑人员对商品描述进行修改。假如客户关心的问题在商品描述上都能简明清晰地展示出来，就会为客服人员节省许多时间，更重要的是，客服的专业性会让用户对店铺充分认可，如果卖家的专业性被认可，无疑会增加用户购买的可能性。

2. 如何让竞争对手帮卖家做商品描述

竞争对手都在抢客户，怎么可能帮卖家做商品描述？对于一些销售老手来说，生意都在竞争对手那里，其实，很多时候并不是和客户做生意，而是和竞争对手做生意。例如，在卖某款电脑桌的时候，特意把官方网站链接放在商品描述上，并标明官方的价格，另外制作了一个供应工厂的资料，意味着是同一家供应商，给出一个回馈用户的理由，然后用比官方价格低得多的价格出售，这就是在同等质量上找价格空白，后台的销售数据显示，这招的"杀伤力"非常强大。下面这个就不用特别介绍了，常规的价格战就是别家价格低，自家价格更低，优势上更显优势。

3. 如何让采购人员帮自己做商品描述

很多卖家的采购人员并不专业，严格来说信息，他们不是采购，而是购买。购买和采购的区别在于：一个是单纯的货款交易，一个是采集分析信息后的货款交易。采购人员在从事采购工作之前，最起码获取了三方面的信息并进行分析才决定的：一是市场的信息，二是供应商的信息，三是本公司的信息。一般来说，采购人员可能是公司中第一个全面了解商品的人员，为什么要采购这个商品？供应商推荐这个商品的原因是什么？市场接受这个商品的原因是什么？公司有哪些资源能保证卖好这个商品？采购人员在做采购之前一般都会进行分析，这些数据可以指导编辑人员进行商品描述。

4. 策划编辑人员如何做好商品描述

归根到底，商品描述必须由策划编辑人员来完成，如何在商品描述上把需要体现的信息表现好，是策划编辑人员专业能力的体现。一般来说，我们从客户、竞争对手、采购人员获取信息，这些信息知识经过初步的筛选和处理，并不是系统性的，策划编辑人员要对这些信息进行系统化的整理，进行逻辑整理和美工表现。很多卖家会把大量的信息堆砌在商品描述上，让人看得眼花缭乱，这种做法是非常不可取的。应尽量做到图文混排，而且要图重文轻，"图重"不是要放大量的图片，而是放重要的图片；"文轻"不是文字不重要，其实大多数的卖家都没把文字做好。文字非常重要，但是文字要精练，要突出重点。大多数的买家是没有耐心去看博士论文般的商品描述的。

二、商品发布的时机选择

首先谈谈商品上架时间的重要性，有心的卖家会发现，现在搜索关键字后，商品的位置是按商品下架剩余的时间来排定的，越接近下架的商品，排位就越靠前。选择商品发布时机要注意以下几点。

（1）首先选择上架时间为 7 天。原因很简单，选择 7 天比选择 14 天多了一次下架的机会，当然也就可以获得更多的宣传机会。

（2）商品一定选择在黄金时段内上架。在具体操作中，可以在 11:00—16:00，19:00—23:00，每隔半小时左右发布一个新商品。为什么不同时发布呢？原因很简单，同时发布也就容易同时消失。如果分开来发布，那么在整个黄金时段内，都有即将下架的商品可以获得比较靠前的搜索排名，可以为网站带来更多的流量。

（3）每天要坚持在两个黄金时段内发布新商品。每天都有新商品上架，那么一周之后，也就每天都有下架，周而复始。对于商品数量众多的卖家，在其他时段也可以发布一些，只要坚持做好细节，每天的黄金时段内，店铺内都有商品获得最佳的宣传位置。

（4）所有的橱窗推荐位都用在即将下架的商品上。若安排合理，所有的推荐位都会发挥巨大的作用。

▶ 同步实训 ◀

一、任务描述

学生在教师的带领下进入 i 博导网上商城，使用实训提供的素材（如平板电脑、拉杆箱、衣服与手机等）进行实际操作，在操作过程中，讨论商品发布的规则及商品描述页的结构布局等内容。教师给予指导。完成商品发布之后，教师通过评委账号对学生的自助操作内容进行打分与评审。

前面项目内容已经完成了账号的基本信息设置，本项目将以填写商品属性信息与完善商品描述页内容为主要实训任务。

二、任务实施

步骤 1：学生进入 i 博导网上商城，将商品资源下载到商品库存中，单击未发布的商品进行发布（如图 6-5）。

商品发布后，就可以看到剩余的商品库存数量、商品分类、商品的销售价格、下架时间等信息。

在商品关键词的撰写过程中，需要注意中心关键词与匹配关键词的分配，从而使得商品名称对搜索引擎更加友好。以连衣裙标题为例，商品名称为"2018 新款复古格子连衣裙显瘦大码女装"，如图 6-6 所示，在商品标题中，可以看到商品卖点是"复古格子连衣裙"，在卖点信息之外，填写了商品基本属性信息，如"2018 新款显瘦大码女装"，而匹配关键词则设置了"2018 新款""连衣裙"，最后为了进一步突出商品的促销信息等内容设置了"送腰带"，以吸引访客进入。

网店库存商品

商品名称	商品进价	商品库存	总进货量	操作
白底连衣裙FL2221	399.00	300	300	已上架
圆领短袖修身连衣裙FL211	290.00	200	200	已上架
复古格子连衣裙FL781	660.00	150	150	发布
高端V领连衣裙FL2161	380.00	100	100	发布
格子连衣裙FL2342	390.00	100	100	发布
碎花连衣裙集合FL2244	720.00	100	100	发布
田园风连衣裙FL2172	370.00	100	100	发布
A字裙 高端印花连衣裙FL2131	380.00	100	100	发布
V领碎花短袖连衣裙FL2401	360.00	100	100	发布
百褶雪纺碎花连衣裙FL752	660.00	100	100	发布

图 6-5　库存商品（图片来源于 i 博导）

基本信息

商品名称：2015新款复古格子连衣裙显瘦大码女装送腰带

库存商品：复古格子连衣裙FL781　　商品分类：夏装

计量单位：件　　下架时间：

市场售价：739.00　　销售价格：

缩略图：选择文件 4.jpg　　网店推荐：☐

商品概述：

[保存]　[返回]

图 6-6　商品详情（图片来源于 i 博导）

商品标题撰写完成之后，可以设置是否进行商品推荐与是否将商品推荐到首页。商品推荐可以使商品展示在店铺首页的商品分类里，单击"推荐在店铺首页的商品"文字链接，所选择的商品就会在店铺首页展示，由于商品推荐和首页展示区域的商品是有数量限制的，因此学生需要结合店铺的商品数量合理推荐商品。

步骤 2：在商品基本属性信息填写完成之后，接下来就是商品介绍，也就是商品描述页内容。在商品描述页完善之前，需要初步了解商品描述页的基本布局结构与设置模块，常见描述结构模块如表 6-2 所示。

表 6-2　常见描述结构模块

描述模块名称	说　　明
促销推荐	店铺促销活动、商品推荐、套餐优惠
商品介绍	尺寸、材质、重量、用途
使用效果图	模特展示图、杂志图、效果对比等
实物图	多角度展示、场景搭配、不同使用方式展示
商品细节	商品设计细节、材质工艺展示
品牌说明	品牌起源、品牌故事、自有品牌介绍

众所周知，商品描述页是访客最关注的区域，决定购买与否的关键就在于此。相信通过上述任务引导内容的学习，大家对商品描述页的布局与合理设计已经有了基本的了解。按照商品描述页的模块设计内容，学生需要设计好描述页的相应内容。设计好的描述页内容如图 6-7 所示。

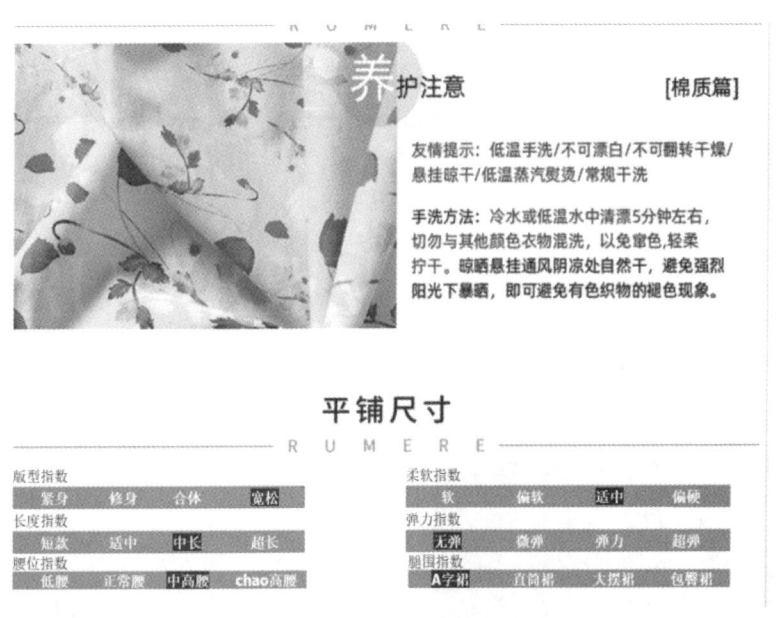

图 6-7　设计好的描述页内容（图片来源于淘宝店铺——戎美）

步骤 3：单击进入"商品介绍"，也可以将已经设计完的所有商品的描述页内容上传至商品相册里，便于后期直接上传使用。单击进入"商品详情"，如图 6-8 所示，向商品描述页内插入已经设计好的商品描述页图片内容，商品细节如图 6-9 所示。

在流水型策划的描述方式下，首图主要是对商品进行概念性的引导，这是为了让访客第一时间对商品产生兴趣，消除买家疑虑，进而继续浏览该商品。因此学生在设计商品描述页的第一屏时，要足够精心地去考虑商品的引导作用。

当第一屏进行概念性引导之后，接下来可以进行庖丁解牛式的深入引导，即详细介绍自己商品的卖点，如环境引导、商品优势引导等。最后融入情感，进行强势引导。

图 6-8　商品详情（图片来源于 i 博导）

图 6-9　商品细节（图片来源于 i 博导）

商品描述上传完成后，单击保存就可以在店铺商品展示页里看到。商品发布管理首先要求学生学习的基本内容是商品关键词的提炼与挖掘，其次是对商品描述页结构布局的了解，这样才能使学生设计出更符合商品引导作用的描述页内容。

在学生完成实训之后，教师根据学生的实训内容进行相应的点评与打分。

任务编号	6-2	任务名称	商品发布管理
任务完成方式	小组协作完成 个人独立完成		
评价点			分值
商品描述信息是否完整			40
商品详细描述模块设计内容是否清晰			30
商品描述图片设计是否卖点突出，具有焦点性			30
本主题学习单元成绩：			
自我评价	（20%）	小组评价 （20%）	教师评价 （60%）
存在的主要问题			

▶ **任务拓展** ◀

学生在教师的带领下，讨论商品关键词的提炼与挖掘要素以及对商品描述页结构布局的理解。

项目七　网店推广管理

【知识目标】

1. 了解网店推广的概念。
2. 了解常见的网店推广方式。

【技能目标】

1. 掌握常见的推广方式和技巧。
2. 能够根据店铺信息确定推广方案。

任务一　网上店铺推广

▶ 任务导入 ◀

1. 任务情境

小李是一名电子商务专业的大学生,由于课外时间比较自由,小李自己开了一家经营户外用品的网店。一方面,可以通过网店经营实践自己所学到的专业知识;另一方面,也可以赚一些零花钱从而改善生活水平。可是网店开了一个月了,始终没有订单,小李非常烦恼。为此,小李请教了一位经营网店多年的师兄,师兄告诉小李,如果想要店铺有订单,只把网店开起来是远远不够的,还需要对网店进行推广。

2. 任务分析

(1) 网店推广手段。
(2) 推广内容的设计和编辑技巧。

▶ 任务实施 ◀

明确了目前网店的状况后,小李决定首先对店铺的推广手段进行初步的认识,对每种推广手段的操作方式和推广结果有所了解。

一、认识不同的网店推广手段

网店的开设只是电子商务的第一步,若想使网店的客源不断,必须要对网店采取一定的推广手段。与普通的网站推广不同的是，网店推广应更加注重进入网店的客户人数与商品成交比例。

1. 博客推广

博客作为网络日记，其内容通常是公开的，任何人都可以发表自己的网络日记，也可以阅读别人的网络日记，因此博客可以理解为个人思想、观点、知识等在互联网上的共享。由此可见，博客具有知识性、自主性、共享性等性质。正是博客这种性质决定了，博客推广是一种基于包括思想、体验等表现形式的个人知识资源，它通过网络形式传递信息。博客推广是利用博客这种网络应用形式开展的网络营销。店铺、企业或者个人利用博客这种网络交互性平台，发布并更新企业、店铺或个人的相关概况及信息，密切关注并及时回复平台上客户对于企业或个人的相关疑问以及咨询，并通过较强的博客平台帮助企业或店铺零成本获得搜索引擎的较前排位，以达到宣传目的。

与博客推广相关的概念还有企业博客、职业博客、营销博客等，这些都是从博客具体应用的角度来描述的，主要区别于那些出于个人兴趣甚至以个人隐私为内容的个人博客。其实企业博客也好，营销博客也罢，一般来说博客是个人行为（当然也不排除有某个店铺集体写作同一博客主题的可能），只不过在写作内容和出发点方面有所区别：企业博客或者推广博客具有明确的企业营销目的，博客文章中或多或少会带有企业营销的色彩。

小李发现，不少电子商务同行在各类博客平台注册了网店博客，大多数网店博客都会发布一些跟自己店内商品相关的博文。举例来说，网店主营女装产品，那么就会发布一些女装的时尚搭配、配饰选择，以及各类时装发布会的最新款式等文章；主营商品为食品的网店会发布养生食疗、应季食品的搭配等文章。

同时，博客名称会使用网店名称，这样，对博文内容感兴趣的访客会直接进入博主的博客进行浏览，浏览的同时博客名称也会潜移默化地给访客留下印象。如果博文内容精彩，访客可能会收藏并关注博客，这样，网店就会让访客印象深刻。

2. 网络论坛推广

网络论坛所聚集的目标客户群体是一个经过精确细分的市场，而且网络论坛是依托强大的互联网形式开展目标群体互动的平台，一群个性鲜明的人因对某个品牌、某件商品、某个事件或某种生活方式有着共同兴趣和爱好而聚集在一起，彼此之间无障碍地沟通与交流。从某种意义上说，网络论坛的参与者其实就是具有某些共同兴趣和爱好的群体，是经过精确细分的市场，认识了网络论坛的群体是什么样的，商家就可以确认商品是否适合在此推广。

小李在浏览行业论坛时看到，与博文内容类似，很多网店店主或专门的推广人员都会在行业论坛或某一领域论坛发布相关帖子，表面上看他们是在帮助访客进行服装搭配，实际上他们会在发帖中插入网店名称或直接插入店铺地址链接，甚至在关键词中添加链接，访客单击关键词就可以进入商品的介绍页面。

3. 电子邮件群发

群发电子邮件不但能主动推广网店，且费用低，唯一需要支付的，就是购买邮件群发软件和售后服务器的费用，当然也可以在网上使用免费的电子邮件群发系统。小李在百度搜索"邮件群发"，出现了很多邮件群发工具，可以选择下载一个电子邮件群发工具进行邮件群发。

使用邮件群发信息，有两个前提条件：一是有一个庞大有效的邮件列表，列表可分为内部列表和外部列表。内部列表也就是通常所说的邮件列表，内部列表电子邮件营销是利用网站的注册用户资料开展电子邮件营销的方式，常见的形式如新闻邮件、会员通信、电子刊物等。外部列表电子邮件营销则是利用专业服务商的用户电子邮件地址开展电子邮件营销，也就是用电子邮件广告的形式向服务商的用户发送信息。二是要准备几封邮件内容，最好是一个系列的邮件内容，内容的表现也有多种形式，如电子刊物、会员通信、专业服务商的电子邮件广告等。

利用邮件群发这种方法推广网店的关键在于，要留心收集用户的电子邮件地址，拥有的电子邮件地址数量越多，主页的访问量就越大。同时小李发现，自己经常收到来自不同 QQ 群的群发邮件，而这些群发邮件大多是一些群友自己的网店或网站介绍，小李认为，自己的网店在做 QQ 邮箱群发时，首先可以查找有关户外运动的QQ群并加入该群，加入群后利用群邮件功能在QQ邮箱中发送群邮件。

店铺运营者可以在订单列表中找到以前客户的电子邮箱并进行收集，使用购买的群发软件发送邮件。邮件内容需注意标题要简单明了、吸引人，所以店铺推广的邮件设计采用 HTML 格式比较好，且排版一定要清晰。

邮件群发是一件需要花时间和耐心去做的事情。目前主流的邮件发送服务器，不管是收费还是免费，都限制了每天最大的发送量，而自己搭建一个服务器，不仅成功率低，而且被列为垃圾邮件的概率高。

4. 微博推广

除了博客、论坛、邮件，小李在"刷"微博的时候也经常看到网店推广的相关博客。例如，淘宝上连续三年"双十一"零食特产类销售额第一的"三只松鼠"品牌，在新浪微博就有自己的官方微博，这样可以促进与购买品牌产品的顾客的互动，也可以方便快捷地展示网店的最新商品。

微博是一个公开社交平台，在微博发布的消息可以被实时显示或者推荐，那么微博推广要注意哪些方面呢？

（1）平台的选择。

微博推广首先需要选择一个用于营销推广的 SNS（Social Network Site，社交网站）平台，在国外从事电子商务无疑会省心不少，只需选择 Twitter（推特）或 Facebook（脸谱网）就可以了。对于国内来说，SNS 平台还不甚明朗，新浪微博、豆瓣、知乎等都是非常流行的 SNS 沟通平台。网店可以选择一个流量大、覆盖率高、关注度较多的平台进行推广营销。尽量避免选择小众平台，否则以"传播"为基础的营销推广就是空谈。

不同平台的用户，其关注度各有不同，与之对应的推广策略也不相同，例如新浪微博的用户主要关注状态更新，而开心网的用户更关注游戏动态。小李决定自己的网店在做推广时主要使用新浪微博。

（2）开通微博。

在选择好的平台上注册微博的流程与一般流程相同，需要强调的是微博名称和个性域名的选择。网店的官方微博在填写昵称和微博名称时，可注明店铺名称或需要推广的商品品牌；可选择品牌名称的全拼作为个性域名。这样操作，一方面从用户角度考虑，可让来访者一目了然地看到品牌名称；另一方面从搜索引擎角度考虑，对于搜索引擎友好的关键词能使搜索品牌关键词排名靠前。

5. 微信推广

微信营销是一种新型的互联网营销方式，不少的企业和个人从中尝到了甜头，发展前景也非常值得期待。相对一些传统的互联网营销，微信营销具有很多其他营销方式不具备的优势。

据可靠的数据资料，在微信推出后的一年多时间内，微信的用户数就达到了 1 亿人，用户数量庞大，发展空间巨大。毫无疑问，微信已经成了当下最火热的互联网聊天工具，根据腾讯 QQ 的发展轨迹看，微信的用户量并不仅限于 1 亿这个数量，发展空间仍然很广阔。

一方面，随着智能手机越来越普及，微信用户已经慢慢地从高收入群体走向普通大众。另一方面，信息交流的互动性更加突出，虽然前些年火热的博客推广也能与粉丝互动，但是互动并不具备即时性，而微信就不一样了，微信具有很强的即时性，无论在哪里，只要有一部安装了微信客户端的手机，就能够很轻松地同未来客户进行很好的互动。

6. 网络广告投放

小李发现，很多网络广告联盟都会为电子商务提供专有的网络广告位，尤其是像淘宝网这类电子商务交易平台，会在很多大型门户网站投入专题栏广告位供淘宝卖家投放广告。

另外，还有一些广告位是由广告联盟或网站直接发布的，由于门户网站本身拥有很客观的流量，所以从门户网站的广告位中获取流量到自己的网店，是获取客户流量的一个非常快捷的方法。

7. 直通车推广

直通车推广又可以理解为付费关键词竞价推广，是淘宝的一种推广模式。淘宝直通车是由阿里巴巴集团下的雅虎中国和淘宝网进行资源整合从而推出的一种全新的搜索竞价模式。其竞价结果不只可以在雅虎搜索引擎上显示，还可以在淘宝网（以全新的"图片+文字"的形式）上充分展示。每件商品可以设置 200 个关键字，卖家可以针对每个竞价词自由定价，并且可以看到在雅虎和淘宝网上的排名位置，排名位置可用淘宝数据查询，并按实际被单击次数付费。

大部分的淘宝卖家都会选择直通车进行推广，由于淘宝自身访问量巨大，又具备独立的商品搜索引擎，由此带来的广告效应可想而知。

二、推广内容的编辑与发布

了解了各类推广方法以后，小李决定针对不同的渠道进行推广内容的设计。一方面，小李申请了新浪博客、新浪微博与微信公众平台账号与推广专用 QQ 号，QQ 号用于 QQ 群营销与通过 QQ 群的群发邮件进行邮件营销，由于经营的是户外用品，小李又加入了几个户外俱乐部论坛，用于论坛推广。另一方面，小李准备设计一套推广图片与推广软文，以户外运动或店铺商品图片为背景，加入小李的店铺名称、宣传语、网店地址、QQ 号等信息，配合文字信息进行同步宣传。

步骤1：推广图片制作。

选择了一张双人登山照、一张主营产品野营帐篷照作为背景图片，使用 Photoshop 软件对图像进行编辑，如图 7-1 所示。

图 7-1　图片内容编辑

小李将宣传语以文字的形式放入图片中，如图 7-2 所示。

图 7-2　图片文字添加（1）

这时候小李发现，由于图片是彩色的，宣传语无论使用什么颜色，在图片中都不是很明显，无法达到宣传语的宣传效果。于是小李决定为文字加一圈描边，这样就可以突出文字的效果了，如图 7-3 所示。

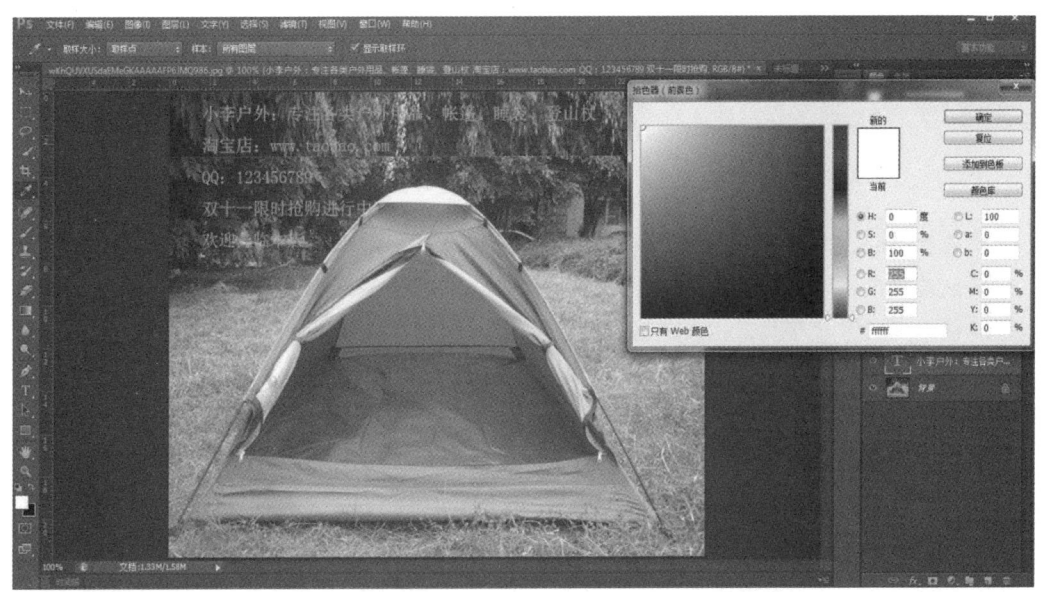

图 7-3　图片文字添加（2）

这样，两张简单的宣传图片就制作完成了，如图 7-4 所示。

图 7-4　推广图片设计

步骤 2：推广文字确定。

小李了解到，为了避免进行推广时推广内容刚发布就被删除、被管理员拖进黑名单、被搜索引擎封杀等状况的出现，推广文字最好采用软文。什么是软文呢？顾名思义，软文是相对于硬性广告而言的，是由企业的市场策划人员或广告公司的文案人员负责撰写的"文字广告"。与硬性广告相比，软文之所以叫作软文，其精妙之处就在于一个"软"字，它将宣传内容和文章内容完美地结合在一起，让用户在阅读文章时能够了解策划人所要宣传的东西。一篇好的软文是双向的，既让客户得到了他需要的内容，也让他了解了宣传的内容。

对于户外运动来说，最好的软文就是户外运动攻略。很多户外运动爱好者出发前都会在互联网上寻找目的地的行动攻略，所以攻略也成为户外运动爱好者关注的焦点。小李本身也是一名户外运动爱好者，所以对各种户外注意事项都非常了解。下面是小李完成的一篇运动攻略软文：

领队篇

1. 出行前，领队需对每条计划线路有详细的行程安排，并指定中途意外后的下撤线路及交通指南。
2. 如线路难度高、参加人数多达 10 名队员以上，俱乐部应增加 1 个副领队。
3. 在俱乐部的常规路线沿途设置统一标记物。
4. 控制队伍行进速度，保持节奏，以免首尾脱节，首尾队员通过对讲机保持联系。
5. 密切留意队员的体力情况，发觉有状态不佳者时，应派专人予以照顾，确保无人离群。
6. 留意周围环境变化，事先收听电台天气和新闻报道，以便尽早采取应变措施。
7. 如遇天气变坏，应审慎考虑缩短或取消所计划的行程。

除了这些，还应关注直通车的关键词。商品关键词是做直通车推广时需要注意的重要环节，好的关键词能更有效地帮助顾客找到网店并购买产品，因此应该如何寻找产品的关键词就成为一个非常重要的问题。

众所周知，诸如淘宝网、京东、苏宁易购等电子商务网站都会在网站的显眼位置设置商品搜索栏，商品搜索栏会根据用户所输入的信息联想到搜索量较大的各类相关产品信息，这就成为寻找关键词的有效渠道。

小李打开淘宝网，在淘宝商品搜索栏中输入"帐篷"一词，搜索结果显示如图 7-5 所示。

图 7-5　淘宝网关键词搜索结果（图片来源于淘宝网首页）

搜索栏中关于帐篷的关键词有"帐篷""户外""帐篷户外单人"等十多个结果，说明这十多个结果是搜索帐篷最常用的关键词，由于小李经营的商品也是户外用品，所以小李确定了把帐篷作为直通车产品，确定将"帐篷""户外""野营帐篷""自动帐篷""防雨帐篷"五个关键词作为直通车推广关键词。

步骤 3：推广平台的选择。

处理好推广所需要的图片素材与文字素材，所有的准备工作就基本完成了。接下来，小李开始选择推广平台。通过前期的调查,小李已经了解常用的网店推广平台有博客、论坛、QQ、邮件、微博、微信等,然而随着互联网时代的发展,人们的生活节奏也在不断加快,博客似乎已经渐渐淡出社交圈。大多数人更倾向于利用短小精悍的文字直接表达,所以微博和微信使用率越来越高。腾讯 QQ 拥有大量的用户,但由于腾讯对 QQ 群内广告的管理愈加严格,在 QQ 群中进行宣传的难度加大,各类邮箱也加入了邮件过滤机制,频繁地发送同样的邮件很可能被封号或加入垃圾邮件。因此,小李决定将推广重点放在论坛、微博、微信上,其次为博客、QQ、邮件。

步骤 4:推广内容发布。

小李选择的论坛为户外爱好者论坛,由于软文是自己撰写的攻略,有一定原创因素,配上广告图片,并不算是直接的广告,大部分版主不会直接删帖,因此申请了论坛账号后就可以选择板块开始发帖。

微博推广中,小李使用自己的店铺店招作为头像,店铺名称作为微博名称,发微博的时候选择将微博内容生成长微博,也可以将长篇软文分割为几部分。小李选择了第二种方法,将写好的软文分为三部分,再配上做好的广告图,就可以发布了。需要注意的是,微博推广是一个长期的运营过程,不可以三天打鱼两天晒网,一定要坚持每天更新一定数量的微博内容,这样才能够引发关注。微信内容使用的是小李自己编写的软文,与微博不同的是,微信没有对文章内容的字数进行限制,推送微信消息的时候可以在微信最后插入统一的图片作为消息签名,这样除了微信公众账号名称给人留下初步印象外,微信内容底部的签名也可以加深用户的印象。微信发布页面如图 7-6 所示。

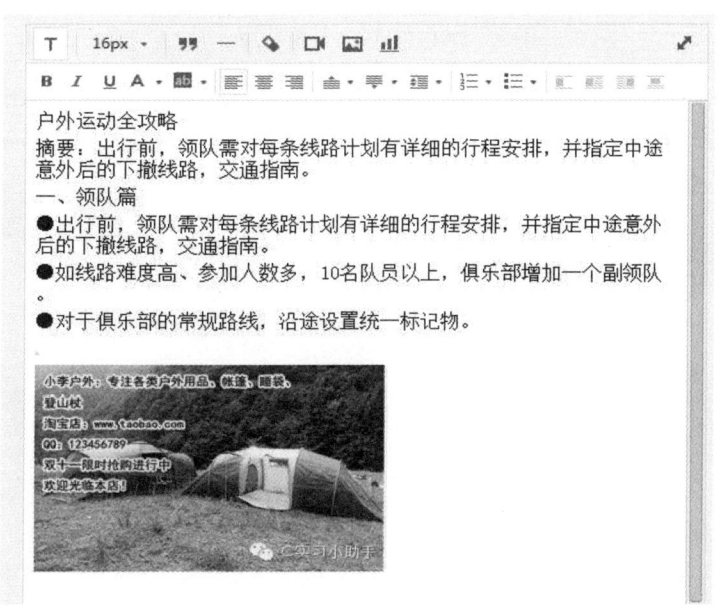

图 7-6 微信发布

有了前面的经验,小李按照论坛和微博的软文发布方式加入了几个 QQ 群,几天的推广工作做下来,小李的店铺访客明显增加,成交量也多了,网店的经营有了一定的起色。小李又开始为店铺的商品做直通车推广,通过关键词的确定和竞价,小李的网店生意渐渐好了起来。

▶ 同步实训 ◀

一、任务描述

学生在教师的带领下进入 i 博导网上商城，并按照实训平台所提供的网店推广方法进行网店推广实训，完成后提交。教师通过评委账号对学生的自助操作内容打分及评审。

二、任务实施

步骤 1：进入 i 博导网上商城并登录学生账号，在首页右上角选择"我的网店"，如图 7-7 所示。

图 7-7 打开"我的网店"（图片来源于 i 博导）

步骤 2：打开网店后台，选择网店免费推广，可以看到页面中提供了博客推广、论坛营销、QQ 营销、电子邮件营销、微博营销、微信营销等免费推广方法，如图 7-8 所示。选择操作栏中的"发布"选项，学生根据提示进行各种推广渠道的文字发布实训。

图 7-8 发布推广内容（图片来源于 i 博导）

步骤 3：选择网络广告推广项目，在所列出的网络广告位中选择一项进行网络广告发布，如图 7-9 所示。在教师的指导下将设计好的网络广告图片发布到相应的广告位，注意虚拟网店中的资金使用情况。

图 7-9　网络广告发布（图片来源于 i 博导）

步骤 4：选择"商品直通车"栏目，对店内商品进行直通车广告投放操作。选择需要投放直通车广告的商品，指定创意图片与标题。

对设置直通车关键词的竞价与投入资金，如图 7-10 所示。

图 7-10　直通车竞价与投入（图片来源于 i 博导）

- 151 -

步骤 5：打开"商品关键词"栏目，在文本框中按照提示添加商品的关键词，并对关键词进行优化，如图 7-11 所示。

图 7-11　商品关键词优化（图片来源于 i 博导）

三、任务评价

在学生完成实训之后，教师根据学生的实训内容进行相应的点评与打分。

任务编号	7-1	任务名称		店铺推广
任务完成方式	小组协作完成 个人独立完成			
评价点				分值
是否完全理解各类推广方法				40
对网店推广的设计是否合理				30
所选择的发布平台是否准确				30
本主题学习单元成绩：				
自我评价	（20%）	小组评价	（20%）	教师评价　（60%）
存在的主要问题				

▶ **任务拓展** ◀

学生在教师的带领下，在班级内互相讨论广告图片设计的核心要素以及推广渠道的深度挖掘。

任务二　网店促销活动

▶ 任务导入 ◀

1. 任务情境

除了必要的推广，小李发现，想要打造一款爆款商品以提高店铺产品销量，还需要进行必要的网店促销活动设计。小李在互联网上搜索了很多网店促销的资料。接下来，小李要认真学习如何做好网店促销活动。

2. 任务分析

（1）网店促销目的。
（2）网店促销形式。

▶ 任务实施 ◀

一、网店促销目的

小李明白无论做什么事情都应该有目的，促销活动也是一样，网店促销活动的目的有很多种，如处理库存、提升销量、打击竞争对手、新品上市、提升品牌认知度及美誉度等。小李根据店铺的现状确定了两个目的：提高销售额和扩大店铺影响力。

二、网店促销方式

小李确定了活动目的之后，接下来需要确定促销方式。在以往的经历中，小李对网店的促销方式也有所了解。小李通过调查和网上搜集，了解到网店促销手段无外乎满就送、包邮、抵价、赠送等形式，其他各式各样的促销方式也是在此类手段基础上衍生的。小李归纳的主要促销方式有三类：刺激购买、促进多买、激励再买。于是，他针对这三个方面进行了研究。

1. 刺激购买

（1）特价。在节假日、店庆等时间段，定时定量推出部分产品，作为特价产品销售，享受×折优惠。

小李通过网络搜索找到店铺特价商品的促销活动，如图 7-12 所示，它包括活动名称、商品价格在活动前后的对比、商品名称、活动时间、商品数量等内容。整张活动宣传图主要凸显出"5"和"天天特价"，"5"代表促销商品的数量，用户看到"天天特价"会潜意识地认为该店铺每天都会有特价商品，进而促进店铺销量。

（2）秒杀。不定期推出库存量大的产品，在规定时间段统一发布，享受×折优惠，通过秒杀页面促进密集购买。如图 7-13 所示，该店铺的秒杀活动主题为"1元秒杀"，并在主题周围表明活动的商品数量、时间设定等信息，在整个页面中这部分信息占用的空间最大，下方则是时间轴和促销商品的名称与时间安排。

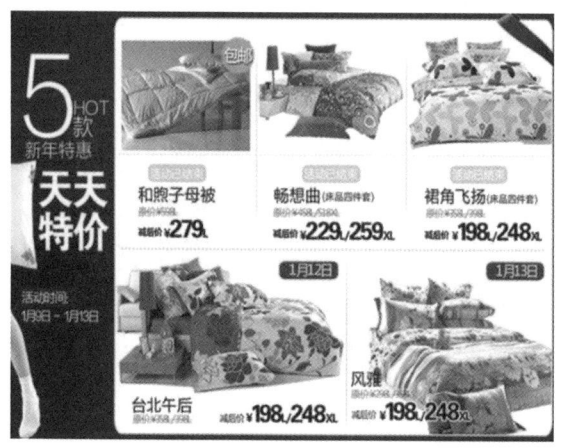

图 7-12　特价商品展示（图片来源于淘宝）

图 7-13　店铺秒杀（图片来源于淘宝）

（3）抽奖。在年末以及店庆等特殊时间，通过购买商品获取抽奖资格，奖励为抵价券、返现等。如图 7-14 所示，以"12·12 年终盛典"为主题进行抽奖活动，主题下方有活动规则和具体奖品。

图 7-14　店铺抽奖活动（图片来源于淘宝）

2. 促进多买

① 满就送。在店内购买商品总价达到×元，就送价值×元的抵价券一张，每次使用限用金额不超过×元，并限于本年度使用，过期作废。如图 7-15 所示，该店家根据订单金额的数目送店内不同金额的优惠券，并免运费，在宣传图底部表明活动不包邮的省市。

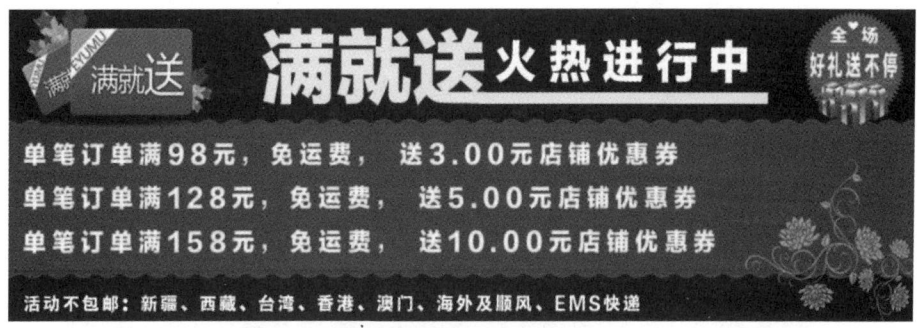

图 7-15　网店满就送活动（图片来源于淘宝）

② 包邮。在店内一次性购买商品总价超过×元，即可享受包邮服务（限制规定区域、限制特殊产品），包邮同时不附带抵价券赠送活动。如图 7-16 所示，这是一家小饰品店，店家在网店促销商品的界面均加入"冲金冠全场 15 元包邮"。

在页面店招的位置标明该活动，如图 7-17 所示。

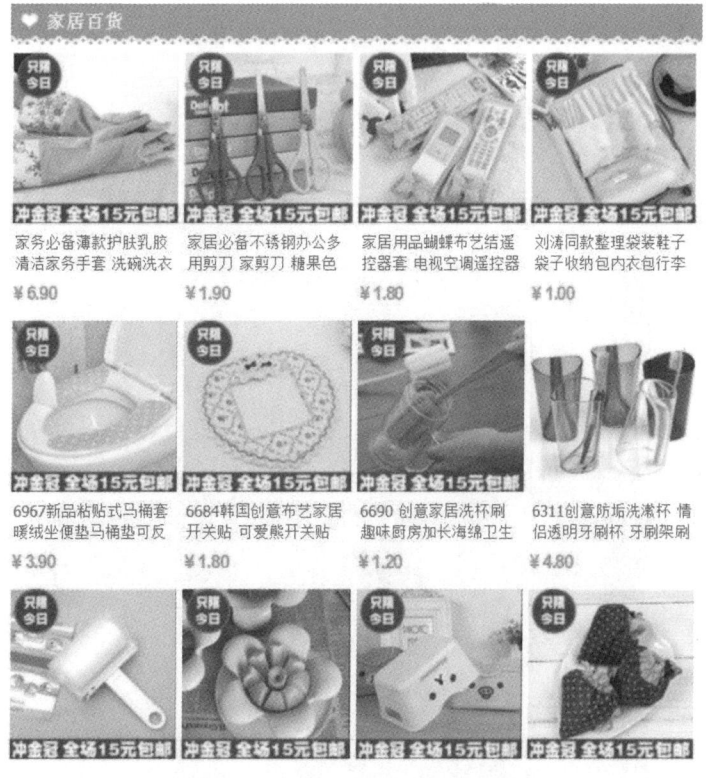

图 7-16　全场包邮（图片来源于淘宝）

图 7-17 店招显示包邮活动（图片来源于淘宝）

③赠送。在店内购买指定商品即可收到掌柜赠送的精美小礼品一份，如购买颜料总额达到×元，即可免费获得调色板一块。如图 7-18 所示，店家为新品做活动，凡是购买新上架商品的客户都会获得不同价值的礼品一份，整张图突出"买就送"大标题，右侧展示新上架的产品。

图 7-18 网店商品赠送活动（图片来源于淘宝）

3. 激励再买

（1）红包。在特殊时间（如店庆、年终等），统一于某个时间点，开始派发红包活动，红包内含商品包邮券、抵价券、少量会员资格。如图 7-19 所示，这是一家网店为"双十一"准备的活动，内容主要为领取不同金额红包（代金券），整张图突出红包面值，并在金额下方标明购物满××元使用，在图片中间位置标明自主购物流程图，并在左下方列举出该店的三个不同活动。

图 7-19 店铺红包（图片来源于淘宝）

（2）会员积分。全年累计积分，年终积分达到一定数量后，即可免费升级为会员，享受会员待遇，或者用于抵价商品，与抵价券功能相同，但不得同时使用。如图 7-20 所示，本次活动为会员使用积分可以兑换不同金额的代金券，在图片的中心位置突出本次活动的主题"积分超值换啦！"，并在下方注明活动时间，在图片内写清了兑换代金券的各种规则。

图 7-20　店铺会员积分（图片来源于淘宝）

小李根据自己店铺的实际情况及促销目的进行综合考虑，最终选择了多买促销方式。

▶ 补充知识 ◀

一、网店促销的策划技巧

当促销成为店家必要的营销手段时，在突破促销传统观念的基础上，需要更加关注促销的内在需求。促销是企业展望未来的平台，也是提供信息的良好窗口。所以策划促销时，应该尽可能地把促销的各项功能发挥出来。有人说，促销这个方式比较简单，简单到任何企业都可以使用，由于条件、程序、关节、执行等大同小异，企业在促销上往往下的功夫不深，单靠企业的品牌支撑，因此许多企业在促销环节上做不出特色。促销活动是企业销售的重头戏，也是促销功力发挥的关键时刻，一般性的促销任务，需要在促销管理、促销执行、促销反馈等方面有新的突破。

按时间不同，促销活动可以区分为节日促销与平日促销。在商家推出的众多促销手段当中，要细心挑选与品味促销活动的目的。有些商家举行促销活动有特别的目的，有些是为了烘托气氛。跟踪与反馈促销活动的目标是促销活动的要点，也是促销成功的基本保证。为节日而举行的促销，可能只会产生附加的广告效果，甚至会起更差或者反面的作用。因此，在促销活动的关口，理性促销与细心促销成为抓住客户的落脚点。

二、促销活动的基本内容与要领

下面详细阐述促销活动的基本内容与要领。

1. 促销产品

促销产品的包装需要固定，而不是随心所欲，要根据产品针对的消费群体、消费目标、消费价值、消费周转期、消费习惯来确定。消费目标指所销售的产品可以满足哪些需求。进行促销活动时要注意契合消费目标。经过包装或者装扮后的消费价值不可太高，要与一般的销售产品持平。一般来看，节日消费周期不会太长，除非是固定使用的产品，但这类产品不需要包装，节日消费的产品周期短，包装应尽量简洁明快。要注意南北差距、地域差距导致的不同消费习惯。因此，针对不同区域的促销产品需要展现不同的包装。

2. 促销定性

促销定性十分重要，有些时候店家对促销的含义并不十分清楚，促销依人气而定。促销活动的意义在于制造销售高潮，但真正到了促销活动进行的时候，原来制订的促销计划却很难得到有效执行，往往是根据实时的情况进行促销。

（1）为谁促销。

促销是为了把产品卖出去，但如果产品销售困难，了解为谁促销就显得非常重要。因此，无论在什么样的情况下，都需要牢记"为谁促销"的理念，即把产品卖给谁，这是面对繁杂的人流保持清醒头脑的必要保证，永远需要牢牢把握消费对象。

（2）促销优惠。

在优惠活动期间，页面访问量会激增，但客户是非常挑剔的，所以促销优惠的条件与优惠的程序一定要简化，而不能到了关键时刻还解释不清楚，甚至浪费时间，错过对大部分客户的关照。因此，促销优惠的前提一定要简单明了。

（3）统一促销。

促销在相同的环境下要具有统一性，在集中的商业平台（如淘宝平台、京东促销），所有的促销都需要及时跟进，一些企业会同时进行多种促销优惠活动，而自己的产品单一，是无法获得较好的促销效果的。在相同的促销环境下，提倡统一的促销行为，手段可以创新，但促销氛围一定要保持一致。

（4）动态促销。

促销活动需要有动态性，也就是促销要按照节日推进的阶段进行，而不是一成不变的，企业在举行促销活动时往往会忽略这一点。节日前期与节日中期可能变化较小，但节日后期的变化非常明显，因此，在要动态观察促销活动项目。如果跟不上市场变化的节奏，促销活动就容易出现"空虚"的症状，空虚症状的表现是没有管理、没有促销技术跟进、没有促销产品转换、没有新的促销亮点、没有促销反馈数据、没有竞争压力分析等。因此，要让促销活动动起来，动起来就是胜利。

3. 促销技巧

促销技巧在日常工作中主要表现为对产品的有机分化，通过在促销过程中使用促销手段，使得促销成为消费者过节的标志，这也是适应消费需求的一种表现。实际上，按照不同的流程促销，在有效的时间段内对产品做出不同的摆设，将会提高销售量。

4. 促销时限

设定促销时限是目前比较流行的做法，比如限定促销时间为节日的第一天，通过限定消费时间鼓动消费，在固定的时间内满足促销的需求。

5. 促销量化

规定要促销的产品的数量，也是一种比较常规的做法。但在节日消费中，这样的做法，容易被竞争对手压制，所以在旺季中使用这样的规则，效果不是很好。

6. 促销特点

促销要有自己的特点，比如在赠送、包装、折扣、礼物、优惠上体现品牌鲜明特色，把特色促销进行到底，区别于节日的统一促销的格局。

7. 促销目标

促销目标要求将促销规定在一定的范围内，便于消费者选择，同样也是对销售进行梳理的过程。使消费者寻找并选择适合自己的商品，这才是促销的最佳效果。

8. 促销氛围

控制好促销的氛围是很重要的，一般节日促销展示以喜庆为代表的统一氛围，但在不同的场合或者对不同的产品促销可以有所区别，要展现出主动的促销氛围，主要展示促销氛围中的个性。比如，重促销手段，而轻产品功能；重促销礼物，而轻促销承诺，等等。

▶ 同步实训 ◀

一、任务描述

学生在教师的带领下进入 i 博导网上商城，按照实训平台所提供的网店推广方法进行网店促销活动实训，并设计一张尺寸为 800 px×600 px 的促销活动图片，完成后提交。教师通过评委账号对学生的自助操作内容打分及评审。

二、任务实施

学生按照教师所给的素材策划目标网店的促销活动，并设计促销活动图片。

三、任务评价

在学生完成实训之后，教师根据学生的实训内容进行相应的点评与打分。

任务编号	7-2	任务名称	店铺促销
任务完成方式		小组协作完成 个人独立完成	
评价点			分值
是否完全理解各种网店的促销手段			20
网店促销活动是否合理			20
促销活动方案是否可行			30
广告图片尺寸是否合理			10
促销广告设计			20
本主题学习单元成绩：			
自我评价	（20%）	小组评价 （20%）	教师评价 （60%）
存在的主要问题			

▶ **任务拓展** ◀

学生在教师的带领下讨论店铺的商品卖点以及促销活动的设计思路。

▶ **巩固与提高** ◀

一、单项选择题

1. 与实体店相比，网店的最大特点就是（　　）。
   A. 实惠　　　　B. 虚拟性　　　　C. 商品繁多　　　　D. 快捷性
2. 当顾客第一次光临店铺时，其关注的通常是产品的（　　）、相关说明、价格、卖家信誉、店铺的专业性与整体感觉等。
   A. 标题　　　　B. 产品质量　　　　C. 图片　　　　D. 店面
3. 变相折价促销是指在不提高或者稍微增加价格的基础上，增加产品的（　　）或者提高产品的质量。
   A. 图片质量　　　B. 分类　　　　C. 数量　　　　D. 基本形式

二、操作题

在互联网上流量购物网站搜集五家店铺，并完成表7-1。

表 7-1 店铺分析

店铺名称	平台名称	店铺内销售前三的商品	三种商品使用的促销方法	分析畅销原因

三、论述题

1. 网店营销有哪些策略？
2. 网店推广的技巧表现在哪些方面？

四、简答题

1. 在选择论坛推广时要考虑到论坛的哪些特点？
2. 在网店推广实施完成后要检测哪些指标？
3. 邮件群发推广有哪些优缺点？
4. 淘宝网首页有哪些搜索规律？
5. 什么是积分促销？什么是联合促销？

项目八　网店运营管理

【知识目标】

1. 理解店铺流量、转化率、客单价的意义。
2. 熟知店铺数据分析工具的概念。

【技能目标】

1. 能够阐述转化率、客单价的基本概念。
2. 掌握店铺数据分析基本工具的使用知识。
3. 能够根据店铺分析制订优化方案。

任务一　经营数据分析

▶ 任务导入 ◀

1. 任务情境

顾名思义，数据分析，就是数据加分析，也就是说必须要以数据为先，分析为后。互联网数据分析越来越受到企业管理者的重视，主要用于企业的定价、需求预测、精准营销、供应链优化及客户关系管理等，已经成为衡量网站发展的指标之一。

以经营电子商品为主的 AC 公司，数年来一直紧随时代的步伐与尖端技术的发展。小李担任营销中心网站运营一职以来，在对公司电子商务网站的经营与监控的过程中，不断总结经验，不断成长。他发现对于电子商务网站来说，数据分析与监控十分重要。数据分析不仅包括诊断电子商务网站流量健康与否，还包括流量的来源入口、跳失率、出店率及最终的商品销售转化率等方面，以及分析访客的搜索行为习惯、访客关注热点商品及分析需求的预测。因此对于电子商务企业网站来说，数据分析的重要性已经不容小觑。

在这里主要对小李在公司网上店铺运营的日常数据进行基础的解析与挖掘，以使大家能够更好地了解数据分析的方法以及数据分析对店铺的作用。

2. 任务分析

（1）店铺健康诊断。

（2）经营数据分析。

▶ 任务实施 ◀

一、店铺健康诊断

店铺健康诊断，主要通过店铺浏览量、访客数、店铺成交转化率及收藏量等数据进行平衡对比。如若低于同行业的标准，说明店铺健康存在问题，需要针对上述内容进行改进或优化。店铺健康诊断的核心在于平衡店铺流量入口的结构是否正常，比如自主搜索进店占比、站内免费资源进店比例、站外搜索进店比例及付费进店的流量占比总和，通过结构的占比分析与结构的优化分析使店铺趋于健康，不断提升店铺的流量质量。

对于经营中的店铺，不论店铺流量的来源是站内还是站外，都会在店铺的长期发展中形成店铺的流量结构。比如，有的店铺流量模式以付费流量为主，有的店铺流量来源是纯自然搜索访问，但并不能单纯地通过流量构成来评价流量结构的好与坏，因为流量的根本在于销售产品的订单成交，最终为店铺产生经济效益。因此对于店铺流量构成，基础的分析指标就是针对流量来源确认的。店铺流量来源如图 8-1 所示。

图 8-1　店铺流量来源

一般，店铺流量来源可分为四大类：① 自主访问流量；② 付费流量；③ 站外流量；④ 免费流量。

对于店铺健康诊断而言，需要均衡把握以上四个方面的流量，如果没有均衡把握，就需要优化及突破这四个方面的流量，以此避免店铺在运营过程中发生不必要的失误与损失。

二、经营数据分析

小李在了解了店铺诊断的核心内容之后，开始针对上述内容自查公司店铺的经营数据分析。仅从流量的入口分析，小李发现公司店铺流量整体以自主访问流量为主，其次是站外流量。由此，小李认识到首先需要加强的是自主访问流量的稳定性，其次要在自主访问流量之外不断增加免费流量的比例与付费流量的比例。

小李还发现，公司店铺对应的进店人数与出店率存在严重的问题，也就是说店铺跳失率严重偏高。跳失率是显示顾客通过相应入口进入，只访问了一个页面就离开的访问次数占该入口总访问次数的比例。如果店铺跳失率严重偏高，店铺转化率就会很低。为此，小李经进一步查看得知,公司店铺的转化率远低于同行业转化率,因此需要对店铺转化率进行提升与优化。店铺流量来源数据如图 8-2 所示。

来源	详细	到达页浏览量	百分比
自主访问	直接访问	520	26.83%
	购物车	116	5.99%
	我的淘宝	47	2.43%
	店铺收藏	3	0.15%
	合计	686	35.40%
淘宝站外	SNS	566	29.21%
	淘宝站外其他	78	4.02%
	搜索引擎	4	0.21%
	合计	648	33.44%
淘宝免费流量	淘宝站内其他	327	16.87%
	淘宝搜索	155	8.00%
	淘宝店铺搜索	73	3.77%
	淘宝首页	7	0.36%
	淘宝信用评价	5	0.26%
	阿里旺旺非广告	5	0.26%
	淘宝类目	1	0.05%
	淘宝会员俱乐部	1	0.05%
	淘宝其他店铺	1	0.05%
	淘宝客搜索	1	0.05%
	合计	576	29.72%
淘宝付费流量	淘宝客	28	1.44%
	合计	28	1.44%

图 8-2　店铺流量来源数据(图片来源于淘宝)

店铺转化率指所有到达店铺并产生购买行为的人数和所有到达店铺的人数的比率。对于电子商务运营而言,转化率是衡量店铺经营的一个指标,也是最难把控的一个指标。提升店铺转化率,可以提高商品客单价,提升商品的销售额,促使进店的访客与订单成交数达到一定的比例。

对于提升店铺转化率,电子商务运营常用的基本操作方法可分为以下六种。

1. 店铺整体装修

首先,通过店铺整体视觉营销基础的建设与改变,为客户提供良好的视觉效果和视觉环境;其次,通过深层次的视觉营销的挖掘与策划,引导客户关注商品生成订单。不仅可以跟随季节的变化进行相应的店铺风格装修,还可以结合店铺的商品促销活动等需求进行店铺的装修调整,为客户营造舒适的购物氛围及良好的视觉效果。

2. 促销折扣搭配

阶段性地对店铺内商品设置促销折扣,不仅要能够调动客户的积极性,还要吸引更多的新用户。既要有针对老用户的会员活动,也要有针对新用户的购买返现等促销活动。无论是哪一种促销活动,在商品的促销折扣中都需要注意商品的组合搭配效果及面对的用户群体,通过补充、完善及商品推荐等细节服务,不断地提升客户对店铺的黏性,从而产生良好的重复购买效果等。

3. 商品展示技巧

商品图片是访客进入店铺的第一视觉,也是提升转化率的核心内容之一。商品入口图片的设计，不仅需要突出商品的核心卖点，还需要考虑图片的引导作用。在设计商品图片时，可以采用商品摆放策略、商品对比策略及商品特写策略等突出图片效果，也可以在效果展示上使用 GIF、视频及 Flash 等形式。

4. 外部推广与形象包装

首先，在把握站内免费资源的基础上，可以使用相应的站外推广资源，如运用微博、即时通信、邮件及微信等推广方式，不断地丰富店铺的流量结构。但需要强调的是，对站外推广的拓展并不是抛去所有站内已经成熟的流量基础。其次，常被电子商务企业忽略且最重要的策略是形象包装，在商品的仓储包装上，可以采用与企业品牌、商品、文化及形象较为符合的广告等形式，不断增加店铺访客的回头率，也可以设置店铺链接及二维码等。

5. 商品描述页优化

对于直通车或者钻石展位单品流量的访客，我们可以采用设置关联销售的形式增加商品的客单价及其他商品的销售量。使进入单品描述页的访客下订单是电子商务运营关心的核心问题。在商品描述页的优化中，不仅需要考虑浅显的商品特性的展示，还应该考虑访客关注的焦点与商品描述页的结构布局，通过简短突出的描述内容将访客留住，这是所有电子商务运营都在努力做的事情。所以，在优化商品描述页及提升转化率上需要努力改善的不仅是单一地研究访客关注的热点内容，还包括描述页结构如何布局与如何突出描述内容。

6. 其他内容

提升店铺转化率是电子商务运营日常工作的核心内容，需要持久地坚持统计与分析，更重要的是要对数据变化有准确的把握，因此在商品转化率的提升与出店率的优化上，更应该把握店铺发展的整体与细节。

▶ 补充知识 ◀

一、店铺诊断的要素

店铺诊断主要通过分析店铺浏览量、访客数、店铺成交转化率、收藏量等数据，与行业均值做对比，以此来判断店铺的情况，从而进行有针对性的改进。店铺诊断需注意以下几点。

1. 店铺违规

首先需要检查店铺中是否有被系统屏蔽的商品，核对系统认可的店铺商品数是否与自己实际上架的商品数一致。其次着重看店铺销量最好的几款商品，系统认可的成交笔数是否与实际相符。还要注意店铺动态评分、投诉率、退款情况，包含平均退款时间、退款率、退款纠纷率、因质量引起的退款次数等。

2. 店铺不良运营习惯

店铺不良运营习惯包括拍发时差、退款处理速度、退款笔数、退款纠纷笔数、关闭交易的情况、修改价格的频率等。

3. 查看店铺商品违规情况

店铺商品的违规，除了违规扣分、投诉外，还有三类搜索违规，即屏蔽、降权、滞销。

以下十类违规行为将会被降权：①虚假交易；②换商品；③重复铺货；④广告商品；⑤错放类目和属性；⑥标题滥用关键词；⑦SKU（Stock Keeping Unit，库存量单位）作弊商品；⑧价格与实际不符的商品；⑨邮费与实际不符的商品；⑩标题、图片、价格、描述等不一致的商品。

4. 数据分析

分析内容包括店铺近期流量、免费流量和付费流量占比、搜索流量来源构成比例是否健康、店铺的转化率、搜索关键词进入店铺的调试率等数据。

二、认识转化率

转化率是所有到达店铺并产生购买行为的人数和所有到达店铺的人数的比率。其计算公式为

$$转化率 = 产生购买行为的客户人数 / 所有到达店铺的访客人数 \times 100\%$$

提升转化率的方法有：①提升店里的整体装修；②改善促销区活动搭配；③改进商品展示技巧；④促进回头购买；⑤促进重复购买；⑥加强外部推广与形象包装。

▶ 同步实训 ◀

一、任务描述

学生在教师的带领下，针对前期实训完成的店铺营销推广活动进行数据分析，分析内容包括店铺商品销量、店铺动态评分变化、店铺视觉营销基础建设及店铺转化率提升策略规划。

二、任务评价

学生以Powerpoint形式逐一解析分析内容，教师根据学生的分析内容进行指导与评审。

任务编号	8-1	任务名称	经营数据分析
任务完成方式	小组协作完成 个人独立完成		
评价点			分值
店铺健康诊断是否合理			40
店铺数据分析是否正确			30
店铺经营转化率提升方案是否具有落地实操性			30
本主题学习单元成绩：			
自我评价	（20%）	小组评价	（20%）	教师评价	（60%）
存在的主要问题			

▶ 任务拓展 ◀

学生在教师的带领下讨论店铺诊断要素、店铺流量、转化率及客单价等的意义。

任务二　数据分析工具

▶ 任务导入 ◀

1. 任务情境

在基本分析了店铺经营数据之后，小李已经明确了公司店铺存在的问题。针对运营数据进行分析后，小李还发现细化的数据，如自主访问数据、站内免费流量及付费流量等都可以借助站内官网提供的数据分析工具进行细致入微的解读，并分析经营数据，而站外数据同样可以借助相应推广工具了解营销推广的效果。于是，小李开始学习不同的数据分析工具，从而对于营销推广有更好的把握。

2. 任务分析

（1）百度指数。
（2）微博数据。

▶ 任务实施 ◀

一、百度指数

数据分析的目的是把隐没在一大批看起来杂乱无章的数据中的信息集中、萃取和提炼出来，以找出所研究对象的内在规律。

在实际应用中，数据分析可帮助人们做出判断，以便采取适当行动。总结数据形成的信息与熟知规律，可以为企业提供多元化的应用范围，指导企业通过数据分析做出准确的判定。如我们常使用的百度搜索引擎营销推广，在实施推广之后，企业电子商务运营人员需要根据推广效果进行效果监控与数据统计分析，而百度搜索引擎关键词的匹配，不仅可以借助百度搜索引擎中提供的词语，也可以使用百度其他分析工具，如百度指数。

从词语的解析中我们得知，百度指数是以百度海量网民行为数据为基础的数据分享平台，也是当前互联网乃至整个数据时代最重要的统计分析平台之一。在大数据的背景下，越来越多的企业开始重视数据的建立与分析。积累数据，使用数据来支撑企业营销决策，可为企业的市场营销、产品发布等提供有力的帮助与支持。

目前百度指数的主要功能模块有两方面：
（1）基于单个词的趋势研究、需求图谱、舆情管家、人群画像。
（2）基于行业的整体趋势、地域分布、人群属性、搜索时间特征。

百度指数里大数据分析的背景是以关键词为起始，通过关键词的行为搜索习惯与环比，查看趋势研究、需求图谱、舆情管家及人群画像的数据变化。搜索"手机"关键词得到的百度指数探索内容，如图 8-3 所示。

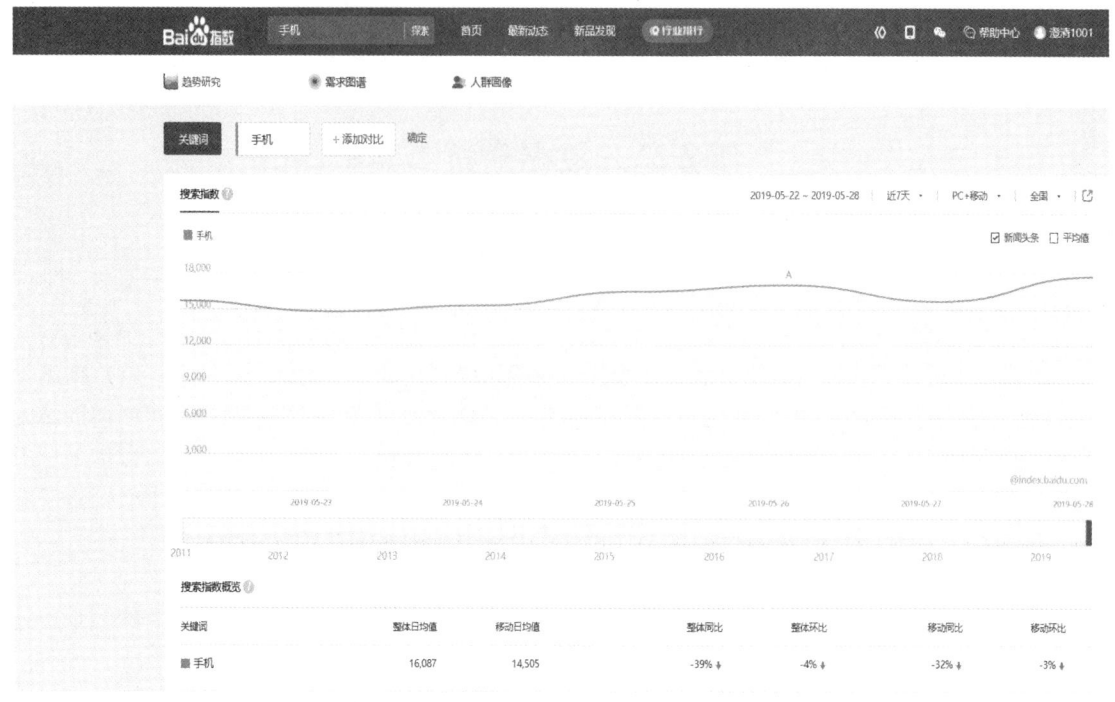

图 8-3　百度指数探索页面（图片来源于网络）

百度指数探索细致展示了关键词的搜索热度趋势，以及对关键词需求进行监控，通过捕捉关键词在百度上的搜索行为、习惯分析消费者对商品的需求，从而为企业提供较为精确的消费者需求检测。在指数搜索之外，还可以看到行业指数与个人指数。行业指数更多的是通过监控行业数据，分析行业搜索特征与人群属性等，以进一步分析行业的趋势与消费者的行为。个人指数则是对购买需求用户、自身收藏的核心关键词动态等的分析。

二、微博数据

除了百度指数，另一新秀"微博数据分析"也是电子商务运营关注的焦点。微博作为新媒体发展的典型，是企业营销战略布局的核心内容之一。企业在官网微博运营的过程中需要根据博文的质量等数据进行分析，以提升微博的曝光率与展示率。

在微博官方的数据分析中，我们主要针对微博个人账户数据进行分析，其侧重点在于分析个人微博的影响力。而具体到行业的数据分析，我们还需借助于微博数据风云榜。在微博数据风云榜中，首先我们可以看到指标榜单，也就是基本衡量进入榜单标准的内容，如影响力、热议词及人气这三大类别。其次它还包括了不同的行业类别，通过对不同行业类别的关键词热度的提及与关注度等来分析微博网友关注的焦点内容和热点舆情。因此企业策划大型微博活动时，在微博运营过程中可以借助微博数据风云榜精确地把握用户的动向与关注热点。

深入了解了站外数据分析工具之后，小李更加有信心做好公司店铺的运营了。掌握如何分析店铺运营数据之后，小李还深入了解了数据魔方、直通车等数据分析工具，并利用不同的数据分析工具，掌握店铺最细微的变化与发展。

▶ 补充知识 ◀

一、百度指数

百度指数用以反映关键词在过去30天内的网络曝光率及用户关注度。它能形象地反映企业关注的关键词每天的变化趋势，还能发现、共享和挖掘互联网上最有价值的信息和资讯，直接、客观地反映社会热点、网民的兴趣和需求或了解企业自身的发展趋势和市场定位，了解与企业相关的客户的活跃性，从而更好地帮助企业制定目标和拓展业务。

很多企业都喜欢把百度指数设为首页以获得更多的关键词信息，他们将百度指数设置为主页，每一次打开都会有很大收获，也可以看到用户搜索量最大的词语，比如热点人物、热门电影和电视剧、最关心的事件等。如果第一时间获得这样的信息，就完全可以做这样的关键词，因为像这样的关键词竞争并不是很大，可以从中挖掘无限的长尾关键词，那些无竞争、有搜索的长尾关键词会给网站带来很多流量。

二、数据魔方

电子商务离不开数据分析，以数据衡量网店的各项指标，成为未来互联网发展的趋势。但卖家们进行数据分析时，要学会从枯燥的数据中寻找打开市场的方法，将网店的前端与后端的数据结合起来，挖掘其中的商机，学会用数据驱动网店目标的实现。这样才能学会数据分析，精准营销，成交订单。

1. 数据魔方提供的数据内容

数据魔方主要提供行业数据分析和店铺数据分析，包含品牌、店铺、产品的排行榜和购买人群的特征分析（年龄、性别、购买时段、地域等）。

2. 使用数据魔方时需注意的问题

（1）数据魔方可以授权其他店铺，只要对方同意便可用该账号查看该店铺的相关数据。

（2）数据魔方专业版可以授权一个子账号，并且支持在同一IP地址下多台电脑同时访问。

（3）数据魔方是按照淘宝的一级类目订购的，一个账号最多可订购10个类目。

（4）如果希望将标准版升级为专业版，不必重新订购，只需登录数据魔方，在"我的账户"里面单击升级即可。如果曾经修改过类目的账号，请不要直接升级或者续费，应该选择重新订购流程，不然还会升级、续费到原始类目下。

（5）目前，数据魔方里面的大部分报表不支持下载，只有"自有店铺分析"和"淘词——行业热词榜"里面的数据支持下载。

▶ 同步实训 ◀

一、任务描述

学生在实训教师的带领下使用操作数据分析工具，学会使用技巧并了解注意事项，更深刻地了解电子商务运营优化转化率的基础，并掌握数据分析的方法，从而为从事电子商务运营工作奠定良好的基础。

二、任务评价

在学生完成实训之后，教师根据学生的实训内容进行相应的点评与打分。

任务编号		8-2	任务名称		经营数据分析
任务完成方式		小组协作完成 个人独立完成			
评价点					分值
关键词分析是否合理、准确					40
软件操作是否熟练、正确					30
是否明白数据分析工具的意义					30
本主题学习单元成绩：					
自我评价	（20%）	小组评价	（20%）	教师评价	（60%）
存在的主要问题					

▶ **任务拓展** ◀

学生在教师的带领下讨论站外数据分析工具与站内数据分析工具的使用方法与基本技巧。

▶ **巩固与提高** ◀

一、单项选择题

1. 店铺健康诊断，主要通过店铺（　　）、访客数、店铺成交转化率及收藏量等数据进行平衡对比。

　　A. 浏览量　　　　　　B. 交易量　　　　　　C. 商品数　　　　　　D. 等级

2. 对于经营中的店铺，不论店铺流量的来源是站内还是站外资源，都会在店铺的长期发展中形成店铺的（　　）。

　　A. 经济结构　　　　　B. 商品结构　　　　　C. 客户结构　　　　　D. 流量结构

3. 百度指数探索细致展示的是关键词的搜索热度趋势，以及对关键词需求进行监控，通过捕捉（　　）、习惯分析消费者对商品的需求，从而为企业提供较为精确的消费者需求检测。

　　A. 关键词在网站上的分布　　　　　B. 关键词在百度上的搜索行为

　　C. 关键词在搜索引擎中的出现规律　　D. 收录网站的关键词信息

4. 正常情况下，店铺的商品图片都不会少于（　　）张。

　　A. 200　　　　　　　B. 100　　　　　　　C. 500　　　　　　　D. 250

5. 数据魔方主要提供（　　　）和店铺数据分析，包含品牌、店铺、产品的排行榜和购买人群的特征分析（年龄、性别、购买时段、地域等）。

A. 企业数据分析　　　　　　　　　　B. 用户数据分析

C. 商品数据分析　　　　　　　　　　D. 行业数据分析

二、简答题

1. 店铺商品管理技巧有哪些？
2. 网上交易的特点有哪些？

三、操作题

如何运用数据魔方分析店铺数据？

项目九　网店客服

【知识目标】

1. 网店客服的基本素质。
2. 客户回访的意义。

【技能目标】

1. 掌握客服的沟通技巧。
2. 掌握客户纠纷处理方法。
3. 掌握订单管理。

任务一　客服常见问题

▶ 任务导入 ◀

1. 任务情境

小刘是一名从事保险行业的电话客服，最近，他应聘到一家新的电子商务公司做在线客服，该公司的主要业务为网上销售智能手机。在开始工作之前，小刘为了能更好地胜任这份工作，做了不少功课。他从产品特性开始学起，了解了客服沟通、网店客户投诉处理方法，以及作为客服人员应具备的基本素质。

2. 任务分析

（1）了解产品特性。
（2）客服沟通。
（3）客服投诉处理。
（4）客服基本素质。

▶ 任务实施 ◀

小刘将此次任务学习分为四个部分，分别为了解产品特性、客服沟通、客户投诉处理和客服基本素质。

一、了解产品特性

小刘曾经有过这样的经验,到百货公司买电器产品时,会有三四种不同的品牌推出同一类产品,其价格也不一样。作为消费者,他会对不同产品进行比较,但几乎半数店员不能明确地回答他的问题,甚至有些店员对产品的使用方法完全不清楚。某些类型的产品(如电子、电器类产品)的更新速度非常快,由于太忙或公司培训得不仔细等,多数销售人员无法专精于自己销售的产品。

小刘深知,专精的商品知识不是替公司学习,而是为自己学习,因为工作是使用自己掌握的商品知识给客户带来利益,协助客户解决问题。因此,他要求自己必须刻意地、主动地、从更广泛的角度精通公司的商品知识,具体做法有以下两点。

1. 了解产品的基本特性

产品对生产者而言是按照一定规格、一定标准生产的,但对客服人员来说,产品涵盖的知识面更广。小刘主要从以下两个方面了解公司产品的基本特性。

(1)产品属性。

公司的主要产品为智能手机,所以小刘需要了解产品的规格参数:

① 手机显示:包括尺寸、触摸屏类型、分辨率。

② 手机网络:包括网络类型、网络模式。

③ 手机存储:运行内存 RAM(Random-Access Memory,随机存取存储器)、机身内存。

④ 手机基本参数:品牌、手机型号、机身颜色、操作系统、手机类型、电池类型、核心数、CPU(Central Processing Unit,中央处理器)频率、电池容量。

⑤ 手机机身详情:款式、键盘类型、手机厚度。

⑥ 手机拍照功能:后(前)置摄像头、摄像头类型、视频显示格式。

⑦ 手机配件:充电器、数据线、说明书、保修卡。

(2)使用知识。

产品的使用方法也是必须掌握的,如手机操作方法、安全设计、使用时的注意事项。

2. 了解产品的竞争差异

除了了解上述基本信息,小刘还需掌握公司产品相对于其他同类产品的差异性,如产品的性能优势、价格优势等。小刘对公司数据分析部门提供的产品的售价与主要竞争者对比表(如表9-1)以及竞争产品优点、弱点的对比表(如表9-2),进行了认真查读。

表9-1 产品的售价与主要竞争者对比

付款方式	本公司产品	主要竞争者			
定 价					
售 价					
分期付款价					

表 9-2 竞争者产品优点、弱点对比

主要竞争者与本公司产品比较		特　　色
本公司产品	优点	
	弱点	
主要竞争者 1	优点	
	弱点	
主要竞争者 2	优点	
	弱点	

二、客服沟通

小刘通过互联网了解到，网店的客服在网店的推广、产品的销售以及售后的客户维护方面均起着极其重要的作用，因此不容忽视。对于网店而言，客户看到的商品是一张张图片，客户既不能通过产品本身，也不能通过商家来了解产品的各种实际情况，因此客户往往会产生怀疑和距离感。这个时候，客服就显得尤为重要了。客户通过与客服的网上交流，逐步了解商家的服务态度以及其他方面的情况。客服使用软件发送一个笑脸表情或者一个亲切的问候，就能让客户真切感受到他是在与一个善解人意的人沟通，这样会帮助客户放下戒备心理，在客户心目中逐步树立起店铺的良好形象。了解了这些之后，小刘将网店客服沟通分为两个部分，即售前沟通和售后沟通。

1. 售前沟通

（1）快捷短语。

网店客服是通过聊天软件与客户进行沟通的。小刘做过保险电话客服，曾使用过固定的话术和指定的短语，以提高工作效率。于是他认为，为网店客服制定一定量的短语也是必不可少的。网店的客服每天都要回答很多重复的问题，为了减少重复劳动，提高工作效率，常在沟通软件里把一些经常用到的话语设置为快捷短语，这样不但可以减轻工作量，还能避免因长时间重复回答相同的问题而产生腻烦情绪。小刘通过互联网搜索资料并进行归纳，整理出网店客服售前术语的七个方面，并将各方面的短语罗列出来。

① 关于问候。

您好，欢迎光临××店，客服×××很高兴为您服务，请问有什么可以帮助您？

您好！请问我可以帮助到您吗？

Hello，周末愉快！很高兴为您效劳！

亲，您好！请问有什么可以为您效劳的呢？

国家法定假日，如元旦、春节、五一、中秋、国庆，则需要有相应的节日问候语，如"节日快乐""新年好"等。

② 关于应答。

亲，您真有眼光，这可是我们店的主打产品哦。

我能为您做些什么？

您还有什么需要？不必客气。

没关系，这是我们应该做的。

我明白了/好的/是的。

非常感谢。

好的，慢慢挑，有问题再咨询我们！

③ 关于产品。

亲，我们只是给出建议，但并不能为您做主，需要什么尺寸，衣服能不能穿，还是由您自己决定，毕竟是穿在自己身上，本店只能做到标清楚衣服的尺寸而已。

本店无法做到让每件衣服适合所有人，衣服是种个性化的东西，请购买前自己把握。

人的想象力是无穷的，本店只保证商品与图片相符。购买前请仔细看图片/描述/尺码，不要凭空想象。

当有买家怀疑图片的真实性时，可以这样设置快捷短语："您好！小店图片实物拍摄，并且是没有经过颜色处理的，请仔细查看。"

"本店衣服实物拍摄，由于显示器和拍摄光线问题，有色差无法避免！（请不要以色差太大为理由要求卖家承担运费退换。）"色差是客观存在的，并不在卖家能把握的范围之内，故色差不属于质量问题。

④ 关于还价。

亲，本店都是实价销售，利润微薄，不议价的哦！谢谢！

您好，我们的商品价格已经最低了，不好意思，不能少了。

亲，不议价哦，不过今天我们有些此类产品正在搞活动，很优惠哦。

新店开张，为赚信用，利润已降到最低，不再议价了。

抱歉，价格已经最优惠了，不过买满××包邮哦！

亲，小店利薄，不议价了啦。

对不起，本店不可能亏本卖的。

您好，谢绝还价，议价者请绕道！

亲，此款是特价商品，不再议价，请××见谅。谢谢您的理解，祝您购物愉快！

⑤ 关于发货。

如果产品有质量问题，交代买家寄回来时，客服人员可以设置快捷短语："产品请像我发给您的时候那样，发回的东西不能影响再次销售，具体说就是包装完好，包装盒、塑料袋、产品及所有配件都要完整，一旦有缺少或包装损坏等，将不能退货。所以发货前一定要检查好，确保没问题了再发回来，谢谢！"

对于见面交易的买家，可以写快捷短语："您可以再看看我的店铺（店铺链接），还有什么需要可以一起来拿。"

对于直接去银行汇款的买家，客服可以做个分类快捷短语："汇钱后，尽快短信通知，以便及时发货，我的手机号码是159××××××××。"

如果希望顾客多买一些商品，可以写快捷短语："您可以再看看别的（商品链接地址），一起发货，不用另外出邮费的。"

如果买家怕路上损坏丢失包裹，可以设置这样的发货提醒："请您在快递公司或邮局工作人员处领取包裹，一定要当场验收包裹，查看商品表面是否有明显的因摔、撞、挤、压引起的损伤，确认无误后再签收，否则在签收后再提出异议，概不负责。如果有问题请快递人员写下书面证明，并立刻与店主取得联系，如果您的家人、同事、同学、门卫等代签，均视为您已签收。"

⑥关于道歉。

实在对不起,请您原谅,打扰您了.

这是我们的错,对不起。

谢谢您的提醒,我们立即采取措施,尽量使您满意。

请不要介意,我们以后一定努力做好!

⑦关于道别。

谢谢您的光临!如果还有什么问题,欢迎随时与我联系!期待您下次光临!

祝您购物愉快,天天开心!再见!

多谢关照,有空再来小店逛逛啦!

请您耐心等待收货,如有问题可以随时和我联系,我一定保证解决您的任何问题!

谢谢惠顾,下次光临,可以享受本店的会员折扣了哦。

谢谢惠顾,如有问题请先跟我们联系,别随便恶意评价,我们视评价如生命!没有问题是沟通不了的哦!

(2)沟通技巧。

小刘整理完客服售前的常用短语之后,想到网店客服在与客户沟通过程中也需要一定的沟通技巧,就如他之前做电话客服一样,所以在这方面也需要认真学习。他找来一个从事网店客服多年的朋友,朋友告诉他,网店客服沟通技巧可以分为三个方面:一是要树立端正、积极的态度,要有足够的耐心,遇到问题时应积极主动与客户沟通,尽快了解情况,尽量让顾客觉得他是受尊重、受重视的,并尽快提出解决办法。二是多使用沟通软件中自带的表情图片,无论哪一种表情都会将自己的情感讯号传达给对方,比如说"欢迎光临!""感谢您的惠顾!"等时,都应该地送上一个微笑的表情,加与不加给人的感受完全是不同的。三是语言文字方面要少用"我"字,多使用"您"或者"咱们"这样的字眼,让顾客感觉客服人员在全心全意地为他(她)考虑问题。

2. 售后沟通

商品成交后卖家应主动和买家联系,避免由于没有及时联系而流失顾客。及时联系买家应该做到以下几点:

(1)发送自己制作的成交信息模板,信息内容包括:应付金额、汇款方式、发货信息等。由于常常收到很多金额相同的汇款,信息模板需要加入"编号"一栏,让买家汇款的时候注明,这样方便查询。

(2)为了避免流失冲动性购物的买家,趁热打铁至关重要,在商品成交的当天就要通过手机短信和阿里旺旺发出成交消息。

(3)由于网络有时不稳定,有些买家不一定能够收到消息,因此如果顾客两天内没有回复信息,客服需要主动打电话询问是否收到成交邮件或者留言信息。

根据以上信息,小刘撰写了要发送给买家的成交确认信息,运用更人性化的语言,加入自己的信息,内容如下:

您好:

感谢您购买了本店铺的物品,希望您能够喜欢,如果有任何问题,可以和我联系:名称×××或者×××@×××.com(卖家电子邮件地址)。如果您是以一口价方式成交物品的,本店铺收取邮件费用×××元或者免费包普通邮寄;如果您是竞标方式成交物品的,请支付×××元邮寄。如无特别需要，本店铺将会在款到第×天以普通邮件方式邮寄物品。
您成交的这笔物品的费用为：×××元（包括邮寄费用）
如果您已经付款完成，请发送邮件告诉我们您的详细信息，我们会马上发货，信息如下：
用户名：××× 真实姓名：×××
联系方式：187××××××××
购买商品链接：www.××××.com/s?ie=utf-8&f=8&rsv
购买商品颜色规格：××
收货人地址/邮编/姓名：×××
最后谢谢您购买小店的物品，期待您下次回顾！
店家：××××
日期：××××/××/××

三、客户投诉处理

在交易过程中经常会遇到客户对产品或者服务进行投诉的情况，在这种情况下，客服人员一定要做好安抚客户和解决问题的准备，所以对于客户的抱怨一定要有耐心，尽量做到以下几点。

1. 先处理情感，后处理事件

一个人，如果处理事情的态度正确，便没有什么能够阻拦他实现自己的目标，如果态度错误，就没有什么能够帮助他。办事能否成功，取决于你采用什么样的角度看待它们。成功最大的敌人是自己缺乏对情绪的控制力。掌控情绪，改变心情，才能改变现状。

2. 耐心地倾听顾客的抱怨

只有认真听取顾客的抱怨，才能发现抱怨的本质原因。一般的客户投诉多数是发泄性的，情绪都不稳定，一旦发生争论，只会愈演愈烈。处理客户投诉的原则是：开始时必须耐心地倾听客户的抱怨，避免与其发生争辩，做到先听他讲。

3. 想方设法地平息顾客的抱怨

由于顾客的投诉多数属于发泄性的，只要得到店方的同情和理解，消除了怨气，心理平衡了，事情就容易解决了。因此，作为一名服务代表，在面对顾客投诉时，一定要设法搞清楚客户的怨气从何而来，以便对症下药，有效地平息顾客的抱怨。

4. 要站在顾客的立场将心比心

漠视客户的痛苦是处理客户投诉的大忌。客户服务人员应站在客户的立场上去思考问题。服务人员必须站在顾客的立场将心比心，诚心诚意地表示理解和同情，承认过失。因此，对所有的客户投诉的处理，无论已经被证实还是没有被证实的，都不是先分清责任，而是先道歉，这才是最重要的。

5. 迅速采取行动

体谅客户的痛苦而不采取行动是一个空礼盒。比如，与其说"对不起，这是我们的过失"，不如说"我能理解给您带来的麻烦与不便，您看我们能为您做些什么呢？"。客户投诉的处理必须付诸行动，不能单纯地同情和理解，要迅速地给出解决的方案。

四、客服基本素质

小刘在做电话客服时就对客服基本素质有所了解，他总结到客服应具备四个方面的基本素质。

1. 责任心

无论在哪个岗位，责任心是必须具备的良好品质，无论在哪个岗位，都要把自己的岗位当成最重要的岗位。而客服是战斗在一线的岗位，可以说客服作为一个店铺的形象大使，更要尽职尽责地做好，不能做只会应答的机器人。

2. 耐心

面对在线服务客户，客服需要有足够的耐心。有些客户咨询得比较多，喜欢问比较具体的问题，这是因为客户有疑虑或者比较细心。这个时候，需要耐心地解释和解答，打消客户的疑虑，满足客户的需要。

3. 自控力

自控力就是控制好自己的情绪，首先客服自己要有一种良好的心态面对工作和客户，客服的心情好也会带动客户的心情好。网上的人形形色色，客户说得不好时，客服要控制好自己的情绪，耐心地解答，灵活应对，严禁把个人情绪带到工作中来。

4. 亲和力

常使用礼貌用语，注意说话时的语速和语气，管理好自己的情绪。

▶ 补充知识 ◀

一、客户投诉的处理技巧

如果一个投诉没有得到很好的处理，客户会转而购买你的竞争对手的产品。客户也会将他的不愉快经历转告亲朋与同事。没有客户投诉时会是高兴、热情的，但有投诉时，企业有责任认真对待，并让客户感到他是受欢迎的，他对企业来讲是非常重要的客户。

1. 从倾听开始

倾听是解决问题的前提。在倾听客户投诉的时候，不但要倾听他表达的内容，还要注意他的语调与音量，这有助于企业了解客户语言背后的内在情绪。同时，要通过解释与澄清以确保客服真正了解了客户的问题。例如，听了客户反映的情况后，根据你的理解向客户解释一遍："王先生，来看一下我理解的是否对。您是说您一周前买了我们的传真机，但发现有时会无法接收传真。我们的工程师已上门看过，但测试结果没有任何问题。今天，此现象再次发生，您很不满意，要求我们给您更换产品。"向客户确认："我理解了您的意思吗？"认真倾听客户的问题，向客户确认所表达的意思是否正确，都是在向客户表达客服对他的尊重以及客服真诚地想了解问题。这也给客户一个机会去重新叙述他没有表达清晰的地方。

2. 认同客户的感受

客户在投诉时会表现出烦恼、失望、泄气、发怒等情绪，客服不应当把这些表现当作是对个人的不满。特别是当客户发怒时，要知道愤怒的情感通常都会在潜意识中通过一个载体来发泄。因此对于愤怒，客户只是把客服当成了倾听对象。客户的情绪是完全有理由的，是理应得到极大的重视和最迅速、合理的解决的。所以要让客户知道客服非常理解他的心情，关心他的问题，无论客户是否永远是对的，至少在客户的世界里，他的情绪与要求是真实的，客服只有与客户的世界同步，才有可能真正了解他的问题，找到最合适的方式与他交流，从而为成功的投诉处理奠定基础。有时候客服会在道歉时感觉很不舒服，因为这似乎是在承认自己有错。其实，说声"对不起""很抱歉"并不一定表明客服或公司犯了错误，而主要表明客服对客户不愉快经历的遗憾与同情。

3. 表示愿意提供帮助

"让我看一下该如何帮助您。""我很愿意为您解决问题。"正如前面所说，当客户正在关注问题的解决时，体贴地表示乐于提供帮助，自然会让客户感到安全、有保障，从而进一步消除对立情绪，取而代之的便是依赖感。问题澄清了，客户的对立情绪降低了，接下来要做的就是为客户提供解决方案。要针对客户投诉解决问题，每个公司都应有各种预案或解决方案。在提供解决方案时要注意以下三点。

（1）为客户提供选择。

通常一个问题的解决方案不是唯一的，为客户提供选择会让客户感受到尊重，同时，客户选择的解决方案在实施的时候也会得到来自客户更多的认可和配合。

（2）诚实地向客户承诺。

能够及时地解决客户的问题当然最好，但有些问题可能比较复杂或特殊，一时不确定该如何为客户解决。如果不确定，就不要向客户做任何承诺，而是要诚实地告诉客户情况有点特殊，客服会尽力帮客户寻找解决的方法，但需要一点时间。然后约定给客户答复的时间，你一定要确保准时给客户答复，即使到时客服仍不能帮客户解决问题，也要准时打电话向客服客户解释问题的进展，表明自己所做的努力，并再次约定给客户答复的时间。与向客户承诺客服做不到的事相比，客服的诚实会更容易得到客户的尊重。

（3）适当地给客户一些补偿。

为了弥补公司操作中的一些失误，可以在解决客户问题之外给客户一些额外补偿。但要注意的是，一定要先将问题解决，再改进工作以避免今后发生类似的问题。现在有些处理投诉的部门，一有投诉首先想到用小恩小惠去息事宁人，或是一定要等到客户投诉才给客户以正常情况下应该得到的利益，这样不仅不能从根本上减少问题的发生，反而造成了错误的期望。

以上内容主要说明了投诉的意义、原因以及正确处理客户投诉的原则和处理客户投诉的技巧。不要对投诉抱有敌意，投诉对一家企业来讲是一笔宝贵的财富，关键就看客服如何处理了。从这个意义上讲，投诉是挑战与机遇并存的。要正确地处理好客户的投诉，首先必须清楚投诉的真正原因，然后掌握处理投诉的总原则："先处理感情，后处理事件"。公司同客户之间通过不断地改善双方的关系，架起更为信任的友谊的桥梁，会让问题更易于解决。

二、处理客户抱怨与投诉的方法——七个"一点"

1. 耐心多一点

在实际处理中，要耐心地倾听客户的抱怨，不要轻易打断客户的叙述，不要批评客户的不足，要鼓励客户倾诉下去，让他们尽情地发泄心中的不满。当耐心地听完客户的倾诉与抱怨后，当他们得到了发泄的满足后，他们就能够比较自然地听得进服务人员的解释和道歉了。

2. 态度好一点

客户有抱怨或投诉说明客户对企业的产品及服务不满意，从心理上来说，他们会觉得企业亏待了他，因此，如果在处理过程中服务人员态度不友好，会让他们心理感受及情绪很差，会恶化企业与客户之间的关系。相反，若服务人员态度诚恳，礼貌热情，会降低客户的抵触情绪。俗话说"怒者不打笑脸人"，态度谦和友好，会促使客户平静下来，理智地与服务人员协商解决问题。

3. 动作快一点

处理投诉和抱怨的动作要快：一来可以让客户感觉到受尊重，二来可以表示出企业解决问题的诚意，三来可以及时避免客户的负面评价对企业造成更大的伤害，四来可以将损失降至最少，如停车费、停机费等。一般接到客户投诉或抱怨的信息，应向客户打电话或发传真等以了解具体内容，然后在企业内部协商好处理方案，最好当天就能给客户答复。

4. 语言得体一点

客户对企业不满，在发泄不满时可能会有过激言语，如果服务人员与之针锋相对，势必恶化彼此关系。在解释问题的过程中，也要十分注意措辞，要合情合理、得体大方，不要一开口就说"你怎么用都不会""你懂不懂最基本的操作技巧"等伤人自尊的语言，尽量用婉转的语言与客户沟通，即使客户存在不合理的地方，也不要过于冲动，否则，只会使客户失望进而失去这个客户。

5. 补偿多一点

客户抱怨或投诉，很大程度上是因为他们使用企业的产品后利益受损，因此，客户抱怨或投诉之后，往往希望自己得到补偿，这种补偿可能是物质的，如更换产品、退货等，也可能是精神上的，如道歉等。在补偿时，企业认为有时是物质与精神补偿同时进行，多一点的补偿金（当然，这要得符合公司的规定），客户得到额外的收获，他们会理解企业的诚意，对企业再树立信心。

6. 层次高一点

客户提出投诉和抱怨之后都希望自己和问题受到重视，往往处理这些问题的人员的层次会影响客户期待解决问题的情绪。如果高层次的领导能够亲自到客户处处理或亲自电话慰问，会化解许多客户的怨气和不满，比较易配合服务人员进行问题处理。因此处理投诉和抱怨时，如果条件许可，应尽可能提高处理问题的服务人员的级别，如本企业领导出面（或服务人员任职为某部门领导）或聘请知名人士协助等。

7. 办法多一点

很多企业处理客户投诉和抱怨的方法是给他们慰问、道歉、赠小礼品等，其实解决问题的办法有许多种，除上述手段外，还可邀请他们参加企业内部讨论会，或者给他们奖励，等等。

三、网上售后服务

售后服务可分为传统售后服务和网上售后服务两种。传统售后服务主要是通过人工进行的一种售后服务，是由企业员工与顾客面对面地接触完成的服务，它是传统市场营销中提高顾客满意度的一种行之有效的策略选择。网上售后服务主要是借助互联网进行网上互动式的售后服务，以便捷的方式满足客户对产品技术支持以及使用维护的需求，它是网络营销中增加顾客满意度的一种理想选择。随着上网企业的日益增多，网上销售业务的日益扩大，网上售后服务的作用表现得越来越明显。

四、网上售后服务的特点

1. 便捷性

网上的服务是 24 小时开放的，用户可以随时随地上网寻找需求服务。

2. 灵活性

由于网上的服务综合了许多技术人员的知识、经验和以往客户出现问题的解决办法，因此用户可以根据自己的需要从网上获得相应的帮助，同时还可以学习其他人的解决办法。

3. 成本低

网上售后服务的自动化和开放性，使得企业减少了售后服务和技术支持人员，从而大大减少了不必要的管理费用和服务费用。

4. 直接性

客户通过上网可以直接寻求服务，而传统的方式需经过多个中间环节。

5. "一对一"的个性化服务

网上售后服务的最大优势在于能与顾客建立持久的"一对一"的服务关系，这种服务关系能以低成本为客户提供个性化的售后服务。

▶ 同步实训 ◀

一、任务描述

学生根据教师分配的账号进入 i 博导网上商城客服系统，根据平台中提供的实训素材进行实际操作，在操作过程中讨论客服在回答顾客问题时需要注意哪些问题。教师给予指导。待学生完成对话后，教师通过评委账号对学生的自助操作内容打分并进行评审。

二、任务实施

学生使用教师分配的账号登录系统，在"我的账户"里单击"网店客服系统"，客服系统登录界面如图 9-1 所示，店铺客服系统如图 9-2 所示。

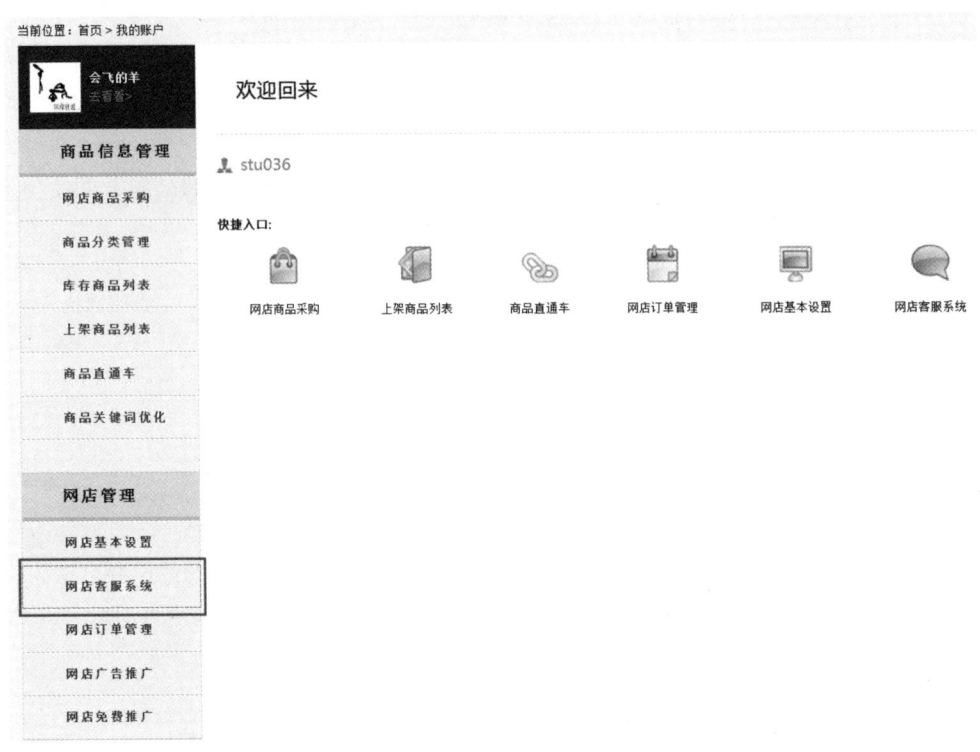

图 9-1　客服系统登录界面（图片来源于 i 博导）

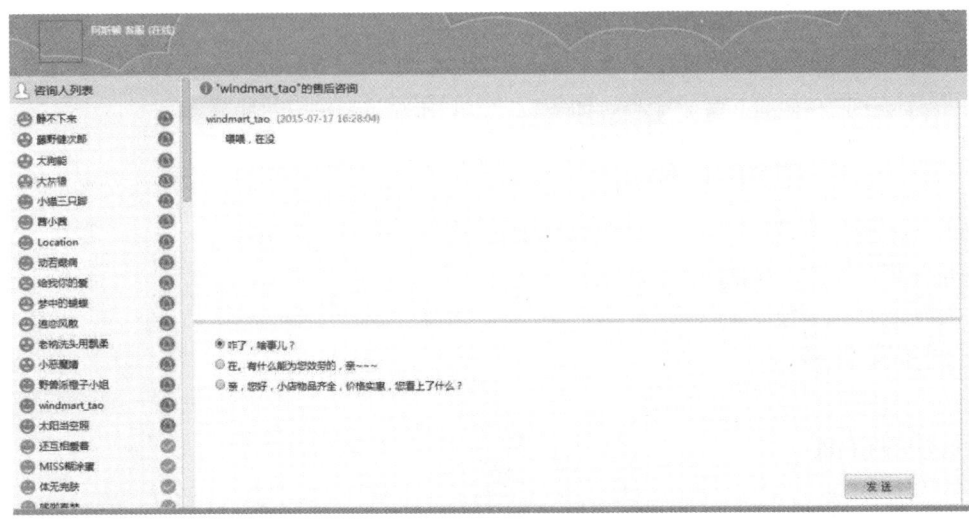

图 9-2　店铺客服系统（图片来源于 i 博导）

页面左侧为咨询人列表区域,中间为咨询区域,右侧为商品信息显示区域。客服问题分为两类:售前问题和售后问题。其中售前问题图标为"😠、😦、😐、😊",售后问题图标为"😠、😦、😐、😊",分别为暴躁的、急切的、一般的和耐心的客户,未处理的客服问题颜色为彩色,已经处理的颜色为灰色。客服问题处理成功后状态为"✓",处理失败后状态为"✗",长时间未处理失效状态为"⊘"。客服问题状态显示如图 9-3 所示,学生需要按照当时的问题,选择最优的答案进行操作。客服问题有回答时间限制,分别为:暴躁(60 s)图标为"😠"、急切(120 s)图标为"😦"、一般(180 s)图标为"😐"、耐心(240 s)图标为"😊",规定时间内未对客户问题进行处理则问题失效。

图 9-3　客服问题状态显示(图片来源于 i 博导)

三、任务评价

在学生完成实训之后,教师根据学生的实训内容进行相应的点评与打分。

任务编号		9-1		任务名称		网店客服
任务完成方式			小组协作完成 个人独立完成			
		评价点				分值
		回答问题是否及时				50
		回答的问题是否为最佳答案				50
		本主题学习单元成绩:				
自我 评价	(20%)	小组 评价		(20%)	教师 评价	(60%)
		存在的主要问题				

- 183 -

▶ 任务拓展 ◀

学生在教师的带领下讨论客服对企业的作用。

任务二　订单管理

▶ 任务导入 ◀

1. 任务情境

小刘清楚了客服常见问题后，公司领导还要求他学习订单管理，因为客服人员需要对订单进行管理。

2. 任务分析

（1）客户下单。
（2）发货。
（3）交易完成。
（4）交易作废。

▶ 任务实施 ◀

小刘通过同事的介绍了解到，订单管理按照次序可以分为客户下单、发货、交易完成和交易作废。

一、客户下单

客户通过产品页面单击"提交订单"以后，订单处理系统会为这个订单分配一个唯一的订单号，并将订单状态设置为"新订单，未确认"。

客服需要在收到订单的第一时间根据库存情况进行确认。如果所有货物都有库存，需要客服将订单状态修改为"已确认，未付款"。如果发现库存不足，仓管人员会示意客服联系客户，征求客户的意见，如何继续处理订单。

在订单得到确认以后，客户根据订单的金额选择付款方式，客服需要查看支付情况，如果支付成功，需将订单状态修改为"已付款，未发货"。

订单管理的一个关键之处是确认客户发货地址，在客户拍下商品后，客服需要登录平台后台查看发货地址是否准确，如果有误需联系买家重新填写。

二、发货

客户可以在公司常用的几种配送方式中进行选择。如果客户没有要求使用哪家快递，网店客服可以选择与公司有合作的快递公司，确定快递公司后，网店客服需要核对发货地址、买家地址，并发送给快递公司，等待订单确认后就可以填写运单号（如果公司有可用的运单号，可以在页面上直接填写，若没有需等待物流上门后获取运单号），填写运单号后可以跟踪货物地点，减少因物流引起的纠纷。

三、交易完成

买家确认收货之后，网店客服需要根据订单需求对客户进行回访，回访的内容主要为客户对产品的评价及意见反馈，并在第一时间解决客户遇到的问题，举例如下。

客服人员：您好！我是×××网店的售后客服，我叫×××，请问您是×××先生/女士吗？

顾客：哦，什么事？

客服人员：不好意思，想占用您几分钟时间。了解到您前几天在我们店里购买了×××手机，现在给您做个售后回访。请问您现在觉得产品怎么样？有没有需要我们帮您解决的问题？

顾客：哦，想起来了，你们店产品手机品牌太少了。

客服人员：非常感谢您宝贵的建议。×××先生/女士，是这样，我们店铺的定位是提供最新智能手机，所以对于已经停产或客户体验不好的手机是不予上架的。

顾客：原来这样啊！

客服人员：是的，请问您对我们的服务还有其他的问题吗？

顾客：你们的手机产品是正品吧？

客服人员：×××先生/女士，我们的手机都是从厂家直接调货，保证原装，您拆开包装后可以在手机上输入"#06#"，会显示手机的串号（IMEI 码），通过互联网搜索并输入串号就可以知道手机的真伪，我们店铺保证都为正品，并7天内可以无条件退货。

顾客：小姑娘，你还真会说。

客服人员：谢谢您的夸奖，我是实话实说。公司教育我们不欺骗任何一个消费者。

顾客：我有点忙，先这样吧。

客服人员：真不好意思，叨扰您这么多时间。十分感谢您配合我的回访工作。希望您一直支持我们店铺，祝您生活愉快。再见。

四、交易作废

小刘在以往的购物过程中经常会遇到一种情况，就是将选好的商品拍下后，由于没有及时付款，订单会自动取消，导致交易作废。他询问同事原因，同事告诉他，店铺管理员会设置付款时间，超过这个时间卖家会默认买家放弃本次购物。交易作废分为两种情况：一种是客户拍了商品没有付款；另一种为拍下商品、付款了但物流信息不正确，客服人员这时需要联系买家，查看物流信息是否正确，若无法联系买家，客服人员需要进行退款操作，并关闭订单。

▶ 补充知识 ◀

客户回访是客户服务的重要内容，做好客户回访是提升客户满意度的重要方法。对于重复消费的产品企业来讲，进行客户回访不仅可以得到客户的认同，还可以创造客户价值。我们对很多企业的客户回访进行分析后得到结论：客户回访不会只付出成本，充分利用客户回访的技巧，特别是利用客户关系管理来加强客户回访，会产生意想不到的效果。

客户回访过程中有以下六个比较重要的问题。

一、注重客户细分工作

企业可根据自身的业务性质对客户进行细分，针对不同的客户提供不同的服务，增加服务客户的效率。总而言之，回访就是为了更好地为客户服务。

二、明确客户需求

确定了客户的类别以后，明确客户的需求才能更好地满足客户。最好在客户需要找客服之前进行客户回访，这样才更能体现对客户的关怀，让客户感动。客服回访的目的是了解客户对我们的产品或使用感受如何，对企业有什么建议和意见；客服回访的意义是要体现我们的服务，维护好老客户，了解客户想什么、要什么、最需要什么。客服需要客户的配合，来提高客服的服务能力，这样企业才会发展得越来越好。

三、确定合适的客户回访方式

客户回访有电话回访、电子邮件回访及当面回访等不同形式。从实际的操作效果来看，电话回访与当面回访相结合是最有效的方式。

四、抓住客户回访的机会

客户回访过程中，要了解客户在使用本产品中的不满意之处，找出问题；了解客户对公司的系列建议；有效地处理回访资料，从而改进工作、改进产品、改进服务。

五、利用客户回访促进重复销售或交叉销售

最好的客户回访是通过提供超出客户期望的服务来提高客户对企业或产品的美誉度和忠诚度，从而创造新的销售可能。客户关怀是持之以恒的，销售也是持之以恒的，通过客户回访等售后关怀来增值产品和企业行为，借助老客户的口碑提升新的销售增长，这是客户开发成本最低也是最有效的方式之一。开发一个新客户的成本大约是维护一个老客户成本的 6 倍，由此可见维护老客户是多么重要了。

企业建立客户回访制度，很重要的方法就是建立和运用数据库系统，例如利用客户关系管理中的客户服务系统来完成回访的管理。将所有的客户资料输入数据库，如果可能，还要尽量想办法收集未成交客户的资料并进行归类。无论是成交客户还是未成交客户，都需要回访，这是提高业绩的捷径。制订回访计划，何时、对何类客户、做何回访以及回访的次数，其中的核心是"做何回访"。不断地更新数据库，并详细地记录回访内容，如此循环促使客户回访制度化。日积月累的客户回访将会提升单位的销售业绩。

六、正确对待客户的抱怨

客户回访过程中遇到客户抱怨是正常的，客服要正确对待客户的抱怨，不仅要平息客户的抱怨，还要了解抱怨的原因，将被动转化为主动。针对客户的抱怨要建立"客怨档案"，根据抱怨的

内容将抱怨进行分类，例如是质量问题还是服务问题，是沟通问题还是其他问题等。通过解决客户的抱怨，不仅可以总结服务，提升服务能力，还可以了解并解决与产品相关的问题，提高产品质量、扩大产品使用范围，更好地满足客户的需求。客户回访是客户服务的重要一环，因此要重视客户回访，充分利用各种回访技巧，在满足客户的同时创造价值。

▶ 同步实训 ◀

一、任务描述

学生根据教师分配的账号进入 i 博导网上商城，使用平台中提供的实训素材进行订单管理实际操作。教师给予指导。待学生完成对话后，教师通过评委账号对学生的自助操作内容打分及评审。

二、任务实施

学生使用教师分配的账号登录系统，在“我的账户”里单击“网店订单管理”，如图 9-4 所示。

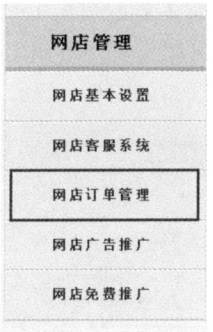

图 9-4　网店订单管理登录

1. 下单

图 9-5 显示了已下单的订单信息，订单分为两类：系统订单和客服订单。

网店订单管理

◉下单　○已发货　○完结　○作废　○无效　○丢失

订单类型	订单号	订单商品	订单数量	订单单价	下单时间	操作
客服订单	20150717-1-25-8	白底连衣裙夏装显瘦百搭	1	¥550.00	16:25:01	发货
客服订单	20150717-1-25-7	圆领短袖修身连衣裙	1	¥499.00	16:24:31	发货
系统订单	20150717-2-25-8	白底连衣裙夏装显瘦百搭	4	¥550.00	16:24:04	发货
系统订单	20150717-2-25-7	2015新款复古格子连衣裙显瘦...	5	¥799.00	16:24:04	发货
客服订单	20150717-1-25-6	2015新款复古格子连衣裙显瘦...	1	¥799.00	16:22:41	发货
客服订单	20150717-1-25-5	白底连衣裙夏装显瘦百搭	1	¥550.00	16:22:09	发货

第1页，共1页，每页20条　首页 上一页 下一页 尾页　1▾

图 9-5　网店订单管理页面—— 下单

其中，系统订单是由管理员在规则中定义的，客服订单是由客服处理售前问题时客户成功下单生成的。

在图 9-5 中，学生需要单击某一订单"操作"栏中的"发货"按钮，弹出"订单发货"窗口，如图 9-6 所示。

图 9-6　订单发货窗口

在该窗口中，学生首先需要判断收货人和收货地址是否为真实的信息，如果判断为真实的，继续选择最优的物流公司方案。单击"订单发货"按钮，存在两种情况。

（1）判断正确：弹出发货成功提示框，如图 9-7 所示。该条订单信息转入已发货订单页面。

图 9-7　发货成功提示框

（2）判断错误：弹出错误提示框，如图 9-8 所示。该条订单信息转入无效订单页面。

图 9-8　错误提示框

如果判断是虚拟的，则单击"订单作废"按钮，弹出确认作废提示框，如图 9-9 所示。

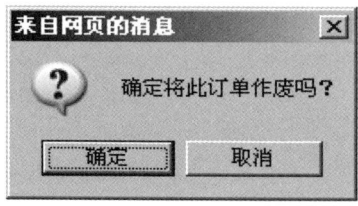

图 9-9　确认作废提示框

单击“确定”按钮，弹出订单作废完成提示框，如 9-10 所示。该条订单信息转入作废订单页面。单击“取消”按钮，关闭确认作废提示框，依旧停留在订单发货窗口。

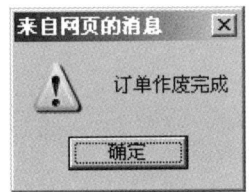

图 9-10　订单作废完成提示框

2. 已发货

在图 9-5 的页面中，选中“已发货”前的单选按钮，进入已发货订单页面，如图 9-11 所示。

店铺订单管理

○下单 ⦿已发货 ○完结 ○作废 ○无效

订单类型	订单号	订单商品	订单数量	订单单价	下单时间	操作
系统订单	20141010-2-18-5	索尼 Pro11	33	¥9499.00	16:00:50	收款
系统订单	20141010-2-18-3	索尼 Pro11	25	¥9499.00	16:00:50	收款
系统订单	20141010-2-18-2	索尼 Pro11	19	¥9499.00	16:00:50	收款

第1页，共1页，每页20条　首页 上一页 下一页 尾页 1

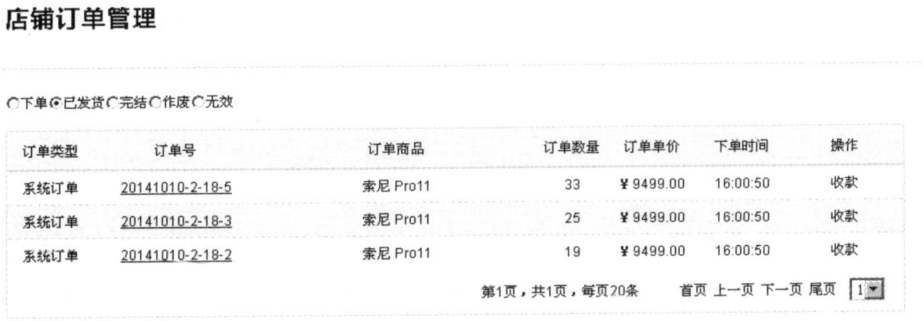

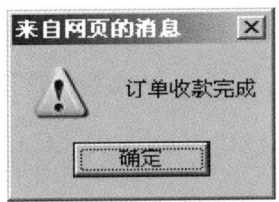

图 9-11　已发货订单页面

在图 9-11 的页面中，单击某一订单“操作”栏中的“收款”按钮，存在两种提示：

（1）当订单发货至收款时间大于物流天数时，弹出收款成功提示窗口，如图 9-12 所示。该条订单信息转入完结订单页面。

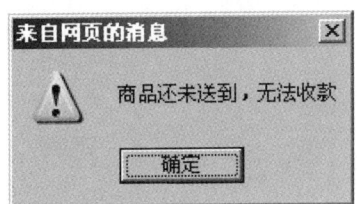

图 9-12　收款成功提示窗口

（2）当订单发货至收款时间小于物流天数时，弹出收款失败提示窗口，如图 9-13 所示。

图 9-13　收款失败提示窗口

注：根据事先设定的规则将物流天数折合成对应的实际时间。

3. 完结

在图 9-5 中，学生需要选中“完结”前的单选按钮，进入完结订单页面，如图 9-14 所示。

网店订单管理

○下单 ○已发货 ◉完结 ○作废 ○无效 ○丢失

订单类型	订单号	订单商品	订单数量	订单单价	下单时间	操作
系统订单	20150717-2-25-6	2015新款复古格子连衣裙显瘦...	5	¥799.00	16:19:04	
系统订单	20150717-2-25-5	圆领短袖修身连衣裙	5	¥499.00	16:19:04	
客服订单	20150717-1-25-4	圆领短袖修身连衣裙	1	¥499.00	16:17:00	
客服订单	20150717-1-25-3	2015新款复古格子连衣裙显瘦...	1	¥799.00	16:16:26	
客服订单	20150717-1-25-2	白底连衣裙夏装显瘦百搭	1	¥550.00	16:15:55	

第1页，共1页，每页20条 首页 上一页 下一页 尾页 1

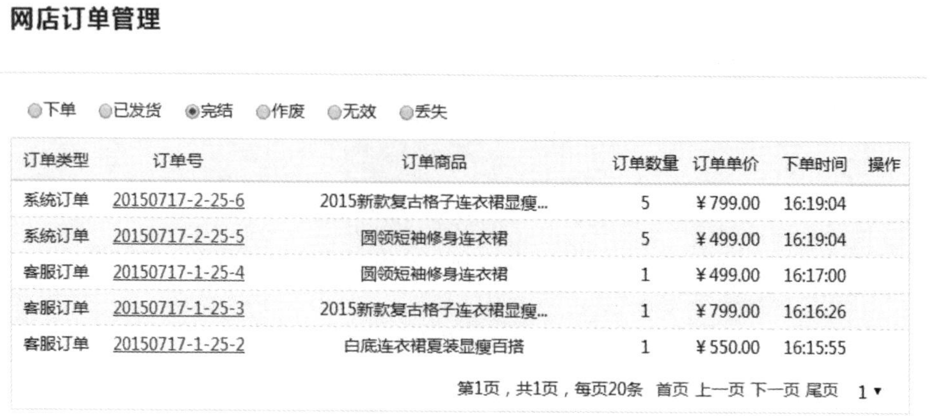

图 9-14 完结订单页面

该页面显示所有已发货且已收款的订单信息。（只能对订单进行查看，不能进行其他操作。）

4. 作废

在图 9-5 中，学生需要选中“作废”前的单选按钮，进入作废订单页面，如图 9-15 所示。

网店订单管理

○下单 ○已发货 ○完结 ◉作废 ○无效 ○丢失

订单类型	订单号	订单商品	订单数量	订单单价	下单时间	操作
系统订单	20150717-2-25-12	圆领短袖修身连衣裙	2	¥499.00	16:34:04	

第1页，共1页，每页20条 首页 上一页 下一页 尾页 1

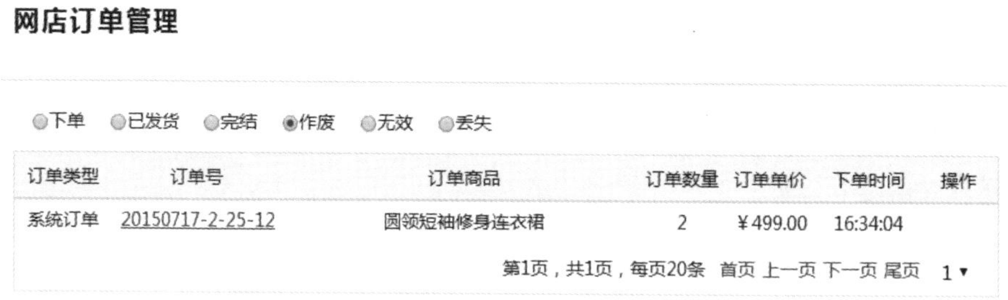

图 9-15 作废订单页面

该页面显示所有已作废的订单信息。（只能对订单进行查看，不能进行其他操作。）

5. 无效

在图 9-5 中，学生选中“无效”前的单选按钮，进入无效订单页面，如图 9-16 所示。

店铺订单管理

○下单 ○已发货 ○完结 ○作废 ◉无效

订单类型	订单号	订单商品	订单数量	订单单价	下单时间	操作
系统订单	20141010-2-18-4	索尼 Fit15	10	¥6199.00	16:00:50	

第1页，共1页，每页20条 首页 上一页 下一页 尾页 1

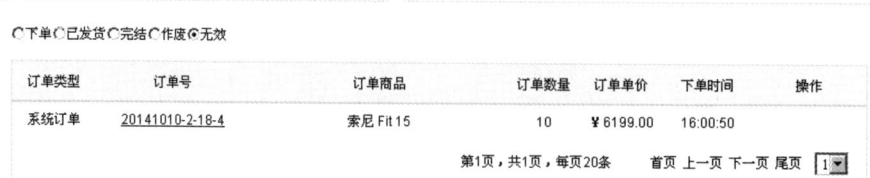

图 9-16 无效订单页面

在该页面中显示所有无效的订单信息。（只能对订单进行查看，不能进行其他操作。）

三、任务评价

在学生完成实训之后，教师根据学生的实训内容进行相应的点评与打分。

任务编号		9-2	任务名称		网店客服
任务完成方式		小组协作完成 个人独立完成			
评价点				分值	
判断学生在下单过程中发货是否正确				40	
判断学生在收款过程中操作是否正确				30	
判断学生对作废与无效的订单操作是否正确				30	
本主题学习单元成绩：					
自我 评价	（20%）	小组 评价	（20%）	教师 评价	（60%）
存在的主要问题					

▶ 任务拓展 ◀

学生以小组为单位讨论订单管理过程中客服的作用。

▶ 巩固与提高 ◀

一、单项选择题

1. 对于重复消费的产品企业来讲，进行客户回访不仅可以（   ），还可以创造客户价值。
   A. 得到客户好评   B. 得到客户的认同
   C. 招揽回头客户   D. 获得客户赞同
2. 客户回访有（   ）、电子邮件回访及当面回访等不同形式
   A. 电话回访   B. QQ 回访
   C. 短信回访   D. 旺旺回访
3. 从实际的操作效果来看，（   ）结合当面回访是最有效的方式。
   A. 短信回访   B. QQ 回访
   C. 邮件回访   D. 电话回访
4. 开发一个新客户的成本大约是维护一个老客户成本的（   ）倍，由此可见维护老客户是多么重要了。
   A. 4   B. 5   C. 6   D. 7
5. 客户购买时如遇到需要修改邮费的情况应该怎么回复（如买到包邮产品加不包邮产品）？

(　　)
A. 我不会改邮费，您就这么付吧。
B. 请稍等，我马上为您改好，改好邮费后系统会立刻通知您的。
C. 之前不是说了不能免邮费的吗，怎么你这个人出尔反尔。
D. 等会儿，我得算下我们给您去掉邮费还赚不赚。

二、简答题

1. 简述淘宝客服的基本概念。
2. 淘宝客服的岗位职责及提供的服务有哪些？

三、操作题

注册阿里旺旺账号，绑定卖家账号，体验客服流程。

四、论述题

论述客服人员在电子商务交易中的作用。

参考文献

[1] 李伟舵，付晓燕. C to C 网店经营[M]. 北京：中国财政经济出版社，2010.
[2] 浙江淘宝网络有限公司. C2C 电子商务创业教程[M]. 北京：清华大学出版社，2008.
[3] 王建宇. 网络营销导论[M]. 杭州：浙江大学出版社，2002.
[4] 葛存山. 网店运营与推广[M]. 北京：人民邮电出版社，2015.
[5] 石焱，王耀. 网店运营[M]. 北京：中国水利水电出版社，2011.